아 리 랑

나를 찾아가는 길
아 리 랑
엮은이 신 범

발원문

거룩한 깨달음의 길로 이끌어 주시는
불 법 승 삼보님께 귀의합니다.

이 세상의 고통에서 벗어나게 하는 것은
선정이 주는 지혜이고
이 세상을 아름답게 하는 것은
우리의 자비입니다.

꽃이 봄을 기다린 것이 아니라
봄이어서 저절로 꽃이 피었듯
우리의 삶과 진리 역시 그러합니다.

한마음으로 정성들인 제 삶이 진실해지고
제 삶 속 모두가 행복해지이다.
진심으로 모두를 공경하여지이다.
마침내 모든 삶이 진리가 되게 하여지이다.

나무 석가모니 불
나무 석가모니 불
나무 시아본사 석가모니 불

차 례

발원문		● 4
서문	나를 버리고	● 10
본문	나는 누구인가?	● 22
	부처란?	● 20
	호흡법	● 28
	네가지 규율	● 33
	걷기 명상	● 49
	점심이야기	● 60
	화두(話頭)	● 75
	이뭣고?	● 85
	조주무자	● 92
	방하착	● 100

- 번호
- 페이지

죽비자 ······················· ●105

타자시사 ····················· ●110

일행삼매 ····················· ●118

옛 어른스님들의 공부 ············ ●140

원효스님 말씀 ················· ●153

왜 나를 찾아야 하는가? ·········· ●160

바둑세계 ····················· ●175

인간이란? ···················· ●184

마음이 있는 7자리를 밝힘 ········ ●112

몇번째 안녕으로 인사하세요? ···· ●170

자비란? ······················ ●178

열 네가지 무외공덕 ············· ●181

번뇌를 없애는 세가지 학문 ……… ●226

음욕을 갖지 말라 ……………… ●228

살생할 생각을 갖지 말라 ………… ●232

훔칠 생각을 갖지 말라 ………… ●236

거짓말 하지 말라 ……………… ●240

지켜야 할 청정한 계율 ………… ●245

세계와 중생이 생긴 이유 ………… ●247

점진적으로 닦는 세가지 법 ……… ●253

쉰 다섯 지위의 참된 보리의 길 … ●259

맺음말 어떻게 살것인가? ……………… ●276

변화와 안정 …………………… ●419

● 번호
● 페이지

화쟁(和諍) ········· ●420

공덕(功德) ········· ●423

화해, 환창, 자연, 단장 ········· ●429

개는 어떤 사람입니까? ········· ●476

삶이 진리가 되는 길 ········· ●485

자유의 길 ········· ●490

행복의 길 ········· ●492

대승수행법, 대승 ········· ●494

서산스님 게송 ········· ●496

포기하지 말아야 할 것 ········· ●499

자혜정신문화 ········· ●324

나를 버리고···

서문

1

아리랑 아리랑 아라리요

아리랑 고개로 넘어간다.

나를 버리고 가시는 님은

십리도 못가서 발병난다.

2

뱀의 독이 몸에 퍼지는 것을 약으로 다스리듯

이미 생겨난 분노를 극복한 수행자는

뱀이 묵은 허물을 벗어 버리듯

이 세상도 저 세상도 다 버린다.

아리랑 아리랑 아라리요

아리랑 고개를 넘어간다.

3

연꽃의 꽃과 줄기가 모두 시들어 사라지듯
탐욕을 남김없이 끊어버린 수행자는
뱀이 묵은 허물을 벗어 버리듯
이 세상도 저 세상도 다 버린다.
아리랑 아리랑 아라리요
아리랑 고개를 넘어간다.

4

흘러가는 급류를 말려 버리듯
넘쳐 흐르는 집착의 물줄기를 모두 말린 수행자는
뱀이 묵은 허물을 벗어 버리듯
이 세상도 저 세상도 다 버린다.
아리랑 아리랑 아라리요
아리랑 고개를 넘어간다.

5

거센 물줄기가 연약한 갈대 다리를 무너뜨리듯
교만한 마음을 남김없이 끊어버린 수행자는
뱀이 묵은 허물을 벗어 버리듯
이 세상도 저 세상도 다 버린다.
아리랑 아리랑 아라리요
아리랑 고개를 넘어간다.

6

무화과 나무 숲에서는 꽃을 찾아도 찾을 수 없듯
모든 존재가 실체 없음을 아는 수행자는
뱀이 묵은 허물을 벗어 버리듯
이 세상도 저 세상도 다 버린다.
아리랑 아리랑 아라리요
아리랑 고개를 넘어간다.

7

안으로는 성냄이 없고
밖으로는 존재 비존재를 뛰어 넘은 수행자는
뱀이 묵은 허물을 벗어 버리듯
이 세상도 저 세상도 다 버린다.
아리랑 아리랑 아라리요
아리랑 고개를 넘어간다.

8

모든 사유를 남김없이 불살라 버리고
마음을 잘 다듬은 수행자는
뱀이 묵은 허물을 벗어 버리듯
이 세상도 저 세상도 다 버린다.
아리랑 아리랑 아라리요
아리랑 고개를 넘어간다.

9

너무 조급하거나 방일하지 않고

모든 희론을 뛰어 넘은 수행자는

뱀이 묵은 허물을 벗어 버리듯

이 세상도 저 세상도 다 버린다.

아리랑 아리랑 아라리요

아리랑 고개를 넘어간다.

10

너무 조급하거나 방일하지 않고

이 세상 모든것이 덧없다는 것을 아는 수행자는

뱀이 묵은 허물을 벗어 버리듯

이 세상도 저 세상도 다 버린다.

아리랑 아리랑 아라리요

아리랑 고개를 넘어간다.

11

너무 조급하거나 방일하지 않고

모든것의 허망함을 알아 욕망을 버린 수행자는

뱀이 묵은 허물을 벗어 버리듯

이 세상도 저 세상도 다 버린다.

아리랑 아리랑 아라리요

아리랑 고개를 넘어간다.

12

너무 조급하거나 방일하지 않고

모든것의 허망함을 알아 색욕을 버린 수행자는

뱀이 묵은 허물을 벗어 버리듯

이 세상도 저 세상도 다 버린다.

아리랑 아리랑 아라리요

아리랑 고개를 넘어간다.

13

너무 조급하거나 방일하지 않고

모든것의 허망함을 알아 미움을 버린 수행자는

뱀이 묵은 허물을 벗어 버리듯

이 세상도 저 세상도 다 버린다.

아리랑 아리랑 아라리요

아리랑 고개를 넘어간다.

14

너무 조급하거나 방일하지 않고

모든것의 허망함을 알아 어리석음을 버린 수행자는

뱀이 묵은 허물을 벗어 버리듯

이 세상도 저 세상도 다 버린다.

아리랑 아리랑 아라리요

아리랑 고개를 넘어간다.

15

어떠한 나쁜 습관도 지니지 않고
악의 뿌리를 송두리째 뽑아버린 수행자는
뱀이 묵은 허물을 벗어 버리듯
이 세상도 저 세상도 다 버린다.
아리랑 아리랑 아라리요
아리랑 고개를 넘어간다.

16

이 세상에 다시 윤회할 인연이 되는
어떠한 번뇌도 생겨나지 않게하는 수행자는
뱀이 묵은 허물을 벗어 버리듯
이 세상도 저 세상도 다 버린다.
아리랑 아리랑 아라리요
아리랑 고개를 넘어간다.

17
우리들을 존재에 얽어매는
어떠한 욕망도 생겨나지 않게하는 수행자는
뱀이 묵은 허물을 벗어 버리듯
이 세상도 저 세상도 다 버린다.
아리랑 아리랑 아라리요
아리랑 고개를 넘어간다.

18
다섯가지 장애를 뛰어 넘고 흔들림 없이
의혹을 물리쳐 화살을 뽑아버린 수행자는
뱀이 묵은 허물을 벗어 버리듯
이 세상도 저 세상도 다 버린다.　　　<숫타니파타>
아리랑 아리랑 아라리요
아리랑 고개를 넘어간다.

19

아리랑 아리랑 아라리요

아리랑이 고개로 넘어간다.

나를 버리고 가시는 님은

십리도 못가서 발병난다.

나는 누구인가?
　　心清淨

본문

20

불교는 부처님 가르침입니다.

부처는 지혜이고   <금강경 육조해>

지혜의 내용은

'나는 누구인가' 입니다.

21

부처님 가르침 중

근본 뿌리는

사성제입니다.

고,집,멸,도입니다.

22

수많은 고통이 있고

수많은 집착이 있고

수많은 방편이 있으나

무상,고,무아는 더이상 나눠지지 않습니다.

23

나를 찾아가는 수행자로써

나를 찾아가는 길을

방편인 수행을 중심으로

같이 열어 보고자 합니다.

24
수많은 방편이 있으나
그중에 대중적으로 행해지고 있는
호흡법, 걷기명상, 화두로
길을 열어 보겠습니다.

25
앉고 서고 보고 듣고
옷입고 밥먹고 사람만나 대화하고
일체처 일체시에 소소영영 지각하는
이것이 무엇인고?

26
몸뚱이는 송장이요
번뇌망상 본공하고
천진면목 나의부처
보고듣고 앉고눕고 잠도자고 일도하고

27
눈한번 깜짝일때
천리만리 다녀오고
허다한 신통묘용 분명한 나의마음
어떻게 생겼는고? <경허선사 참선곡>

호흡법

28
인간의 가장 기초적인
생명활동중 하나가 호흡입니다.
호흡이 수행의 목적이 될 수 없지만
쉽고 편하게 집중할 수 있는 수행법입니다.

29
하단전에 의식을 집중하고 호흡합니다.
숨을 내쉴때는 내기가 밖으로 발산되고
숨을 들이쉴때는 외기가 안으로 거둬집니다.
조작없이 자연스럽게 호흡합니다.

30
숨을 내쉬고 들이쉬는 사이
숨을 내쉬고 잠깐 멈추는 사이를
하루 스물 네시간중 십분의 일만 알아차려도
상당한 집중력이 길러졌다고 봅니다.

31
호흡을 의식적으로 조절하지 않고
일정한 규율을 따르도록 이끌어
생명에 미치는 호흡작용을 강화시켜
장차 선천호흡의 체험도 가능하게 합니다.

32

의식을 주동적으로 수행대상에 머물게하는

의수의 방법이 천차만별이지만

초급, 중급 단계에서

원칙은 기본적으로 같습니다.

    사수비수似守非守: 지키는듯 마는듯

33

이 원칙은 수행의 주체에 적용됩니다.

단전에 의식을 두고 호흡을 할때

호흡은 대상이 되고

정신은 주체가 됩니다.

34

붙들어 뒤쫓지 않고
유유자적해야 합니다.
죽은듯이 한곳만 지키는 것이 아니라
영활하고 자유롭게 합니다.

35

구체적 방법은
먼저 지키고 뒤에는 잊는 것입니다.
단전에 의식을 두고 호흡에 집중하다가
편안해지면 잊는것입니다.

36
의식속에 '지킨다'는 하나의 염두만 두고
잡념이 생기더라도 호흡을 지킵니다.
떠도는 생각에도 단전을 지키며 움직이지 않으면
의수도 염두도 없어져 사수비수 상태가 됩니다.

   약유약무若有若無: 있는듯 없는듯
37
이 원칙은 의수의 대상에 적용됩니다.
의수의 대상은
대략 어느 정도에 있구나하고 짐작해야지
너무 구체적이고 자세하게 분석해서는 안됩니다.

38
단전은 체내의 객관존재이지만
무형무상이기 때문에 약유라하고
유형유상의 실체는 아니지만
없지 않기때문에 약무라합니다.

39
의수하는 단전을 손으로 만질 수 없지만
의식으로 그 존재를 느낄 수 있어서
전혀 없는게 아니므로
약유약무라 합니다.

40
이상의 두 원칙을
진지하게 탁마하여
철저하게 이해하면
비로소 의수할 수 있게됩니다.

41
수행의 관건은 깨달음에 있습니다.
진지하게 생각하고 탁마하여
진정으로 이해해야 장악할 수 있게되어
이론과 방법이 하나인 이법불이(理法不二)가 됩니다.

일취일산一聚一散: 집중이 되면 방하

42

이 원칙은 초학자가 수행중
주동적으로 의식을 운용하는 구체적 방법이며
사수비수의 구체적 설명이기도 합니다.
일취일산은 사수비수하는 중에 사용할 수 있습니다.

43

수련을 시작할 때 먼저 의념을
의수하는 부위에 모아 집중합니다.
집중이 되면 의념을 방하하여 상관 않다가
잡념이 생기면 다시 집중합니다.

44

만약 집중만 하게되면

쉽게 긴장하고 피로해지며

오히려 집중력이 떨어져 잡념이 생기게 됩니다.

오랫동안 꾸준히 유지할려면 집중후엔 내려놓습니다.

45

처음 수련할 때 입정이 잘 되더라도

일취일산의 방법을 이용하는 것이 좋습니다.

수행중 여러부분 자연스레 질서가 잡히기 때문입니다.

어떤 수련방법이든 일취일산은 도움이 됩니다.

신수일여神守一如: 정신과 의수대상이 하나가 됨

46

이 원칙은 수행의 고급단계에 도달한 상태입니다.

신은 의수의 주체이고 수는 의수의 대상입니다.

일정 수준 입정의 단계에 도달하면

의수의 주체와 대상이 하나가 됩니다.

47

의수의 공부에는 여러단계가 있습니다.

어떤 현상을 보고, 듣는등

상식을 초월한 일들이 일어날 수도 있습니다.

이런 현상이 나타나더라도 관심두지 말아야합니다.

48

계속 관심을 두게되면

정신이 피로해지고 공부에 진취가 어렵게 됩니다.

자신의 의식이 만들어 내는 일인지 알고

자신의 방편대로 계속 정진해 나갑니다.

걷기명상

49

걷기전에 먼저 호흡을 합니다.

숨을 들이쉬고 내쉬고

서너번 반복한 후

준비가 되면 걷습니다.

50

걸으면서도

숨을 들이쉬고 내쉬며

의식은 호흡에 둡니다.

호흡하면서 걷는 것에 익숙해집니다.

51

걷다보면 여러가지 생각이 일어납니다.

화,욕심,불만이 일어납니다.

버릴려고 하지말고 일취일산합니다.

단지 다시 호흡에 집중하며 걷습니다.

52

걸을때는 걷기만 합니다.

생각도 말도 하지 않습니다.

나를 구속하던 모든 것을 벗어버리고

자유롭게 걷기만 합니다.

53

걸음마다 집중하며 알아 차린다면
곧 고요해짐을 느낄 수 있습니다.
일취일산합니다. 호흡을 놓습니다.
지금 여기에 조금 가까워 졌습니다.

54

걸음마다 온전히 즐깁니다.
새소리가 들립니다.
소나무가 보입니다.
집중도 주의도 기울이지 말고 걷습니다.

55
제일 집중이 잘 될때는
해야 할 일을 모두 다하고
앞으로 해야 할 일은 준비가 다 되어서
여유있을 때입니다.

56
깊은 고요함으로 이끌어 주기도 하며
창조력이 가장 뛰어날 때이기도 합니다.
성실함으로 만든 하루 2시간의 여유라면
꽤 괜찮은 삶입니다.

57

여유롭게 걸어봅니다.

해야 할 일도 준비할 것도 없습니다.

고요한 편안함이 다가옵니다.

여유에서 오는 편안함, 온전한 걸음입니다.

58

발에 느껴지는 감각의 비밀

새소리를 듣는 오묘함

호흡을 하고있는 신기함

살아있음을 느껴 보십시오.

59
모든 것이 함께 살아있는
지금 여기의 신비함입니다.
수행하지만 수행하지 않는 듯
자연스럽게 걷습니다.

60
점심이야기 입니다.
예전 당나라 시절
금강경에 정통한 스님이 있었습니다.
그래서 별명이 주금강이었습니다.

61

스스로 자신이 천하에서 제일
금강경에 능통하다고 생각하며
육도만행을 닦고 닦아야 성불한다는
신념을 가지고 있었습니다.

62

그래서 당시 남방에서 성행하던 선불교의
'마음을 보아 단박에 깨닫는다'는
조사선에 대해서
매우 부정적인 생각을 지니고 있었습니다.

63
부처님 가르침은 천겁만겁을 닦고 배워도
감히 성불하기 어렵거늘
남방의 마귀들이 어찌 망령되게
'마음을 보아 성불한다.'고 하는가!

64
스님은 그들을 제도하고자 길을 나섭니다.
등에는 금강경 청룡소를 짊어지고
최고의 선사를 찾아 천리 만리를 걸어갑니다.
걷다보니 배가 출출해졌습니다.

65

마침 저 언덕배기에 떡 파는 노파가 있어
노파와 흥정을 합니다.
"떡이 얼마입니까?"
"등에 짊어진 것이 무엇인지요?"

66

"금강경입니다."
"제가 금강경 내용중 한가지를 물어서
대답을 하면 그냥 드리고 못하면 못드립니다."
"무엇이든 물어보시오!"

67

"경에 이르기를 과거심도 없고

현재심도 없고 미래심도 없다고 했는데

지금 배고픈 마음은

어느 마음에 점을 찍으시겠습니까?"

68

스님은 대답을 못했습니다.

점심을 못했습니다.

점찍을 점, 마음 심

우리가 매일 먹는 점심(點心)입니다.

69

바로 지금 여기

이것의 진실을 알아야 합니다.

한걸음 한걸음 걸을때마다

지금 이순간을 알아차려야 합니다.

70

다시 자연스레 호흡을 합니다.

정신을 가다듬고

편안하게 걷습니다.

최소한 여기까지는 걸어야 합니다.

71
걸음 걸음마다
무상,고,무아
걸음 걸음마다
마음입니다.

72
편안합니다.
편안합니다.
편안합니다.
…

73

일상의 시간이 되었다면
걸음을 멈추고
나와 함께하는 모든 이를 위해서
축원합니다.

74

한마음으로 정성들인 제 삶이 진실해지고
제 삶 속 모두가 행복해지이다.
진심으로 모두를 공경하여지이다.
마침내 모든 삶이 진리가 되게 하여지이다.

화두(話頭)

75

활구 참상의

생명은

간절한

의심의 지속성에 있습니다.

76

의심의 지속은

방해되는 심식분별이 사라져야 가능하고

그것은 화두에 대한 진정한 관심이 있어야만

기대할 수 있는 일입니다.

77
화두에 대한 관심은
화두에 흥미를 느낄 수 있어야 일어나는 것인데
화두의 내용을 충분히 이해하는 이에게는
저절로 이루어지는 일입니다.

78
왜냐하면
화두의 내용 그 자체가
우리의 흥미를 끌기에 너무도 충분한
깊은 의미들을 지니고 있기 때문입니다.

79

그러므로 화두 참상의 첫걸음은

화두가 말하고자 하는

문제의 핵심을

제대로 이해하는데서 부터 시작됩니다.

80

화두의 내용을

충분히 이해하고

제기되는 문제점을

문제점으로 인식하여

81

옛 사람들과 같은 시각으로

접근할 수 있다면

우리도 꼭 같이 모르는 결에

깊은 흥미와 함께 화두삼매에 빠져들 것입니다.

82

의심처가 분명해지면

사량분별을 가지고 있으려 해도 가질 수 없고

일향취적의 선정이나 무기공 등에

떨어질래야 떨어질 수 없게 됩니다.

83

이런뜻에서

처음 시작단계의

화두의 이해는

너무도 중요한데

84

우선 상용되는

몇가지 화두에 대해서

약간의 내용설명과 함께

의심의 촛점이 무엇인지 말해보고자 합니다.

이 뭣고?

85

육조스님께서 어느날 대중들에게 말하였다.

"한 물건이 있으니

위로는 하늘을 버티고 아래로는 땅을 버티며

검기는 칠 같고 밝기는 일월 같다.

86

활동하는 사이에 항상 있으나

활동하는 사이에서 거두어 들일 수 없고

이름도 형상도 없으니

이것이 무엇인가?"

87
하늘을 버틴다는 것은
하늘이 무너지지 않게 지탱한다는 뜻이고
땅을 버틴다는 것은
땅으로 온전히 있게 보호한다는 뜻입니다.

88
즉, 이 한 물건에 의해서
천지만물이 존재하게 된다는 뜻입니다.
밝음과 어두움이
모두 이 물건에 속하고

89

우리의 일상 속에 늘 있지만

그 물건을 포착하려면

도무지 불가능한

이것!

90

게다가 형태도 없고

따라서 이름도 없는

한 물건이

존재한다는 것입니다.

91   <의심처>

천지 만물이 존재할 수 있도록 하며

밝고 어두움을 다 갖춘 물건

항상 있으나 붙잡을 수 없고

이름도 형상도 없는 이 뭣고?

　　조주 무자

92

어떤 스님이 조주스님께 물었다.

"개에게도 불성이 있습니까?"

조주스님이 대답했다.

"없다."

93

모든 생명체는

마침내 성불하고 만다는

중생필경성불 사상은

대승불교의 핵심교리입니다.

94

개도 미래제의 어느때에 가서

성불하게 된다는 것은

그래서, 개에게 불성이 있다는 것은

너무나 확실한 진실입니다.

95
그런데
조주스님은
'없다.'고
말하고 있습니다.

96
구경의 깨달음을 성취한
대선지식은
거짓을 말할
이유가 없습니다.

97

고락의 어떤것도

그들을 구속할 수 없고

원하는 바도

두려움도 전혀 없기 때문입니다.

98

이말이 중생을 속이는

거짓말이 아니라면

부처님 말씀을 뒤집는

이같은 이야기의 저변은 과연 무엇일까요?

99 <의심처>
모든 생명체가 다 불성이 있는 것인데
조주는 무엇때문에
개에게 불성이 없다 말하는가?
'무' 라! 어째서 없다 하는가?

    방하착

100
조주스님께 엄양존자가 물었다.
"한 물건도 가지고 오지 않을 때는 어떠합니까?"
스님이 대답했다.
"내려 놓아라."

101

"한 물건도 가지고 오지 않았는데
내려놓으라니 무엇을 내려 놓습니까?"
"그렇거든 짊어지고 가거라."
존자가 크게 깨달았다.

102

한 물건도 없다는데
내려 놓으라고 합니다.
무엇을 내려 놓느냐 항의하자
그렇다면 지고가라고 힐난합니다.

103

아무것도 없다는 이에게서

조주스님은 무엇을 보는 것일까요?

무엇을 내려놓고

무엇을 지고가라고 하시는 걸까요?

104 <의심처>

한 물건도

아무것도 없다는데

무엇을 내려 놓아라 하는가?

무엇을 내려 놓을 것인가?

죽비자

105

대혜선사가 상당하여 설하기를
"이 물건을
죽비라고 부르면
경계에 부딪치게 되고

106

죽비라고
부르지 않으면
눈앞의 사실에 위배된다.
무엇이라 해야 하는가?"

107
죽비를 죽비라고 부르면
범속한 이들의
분별망상인 현상경계에
사로잡힘이 됩니다.

108
죽비가 아니라고 한다면
사실에 위배됩니다.
말이 없어도 안 된다면
무엇이라 해야 대혜스님의 인증을 받겠습니까?

109 <의심처>

죽비를 죽비라 해도 안되고

죽비가 아니라고 해도 안되고

대답이 없어도 안된다니

죽비를 뭐라 해야 되는가?

    타자시사

110

"누가 이 송장을 끌고 왔는가?"

육신이

살아 숨 쉬고 활동하게하는

자기 주인공을 묻는 것입니다.

111

우리 의식이나 마음이 깊이 잠들어 쉬는 때도
육체는 살아 움직이고 있습니다.
우리 심식이 육체를 주재하지만
육신을 움직이는 근원이 아니라는 것이 분명합니다.

112

과연
우리를 활동하게 하고
살아있게 하는 이것
이것이 무엇입니까?

113 <의심처>

송장과 같은 이 육신을 움직이게 하는

본질은 과연 무엇인가?

송장 끌고 다니는

이 무엇고?

114

화두는 그 수가 천칠백개에 이른다고 합니다.

어떤 화두를 택하든 관건은

그 화두가 제기하는 문제점에

얼마나 공감할 수 있는가 입니다.

115

이 경우 공감이란

문제점을 깊이 인식하고

해결하고자 하는

의욕을 느낀다는 것입니다.

116

그렇게 진지한 의심과

의심의 해결을 원하는 뜻이 선다면

화두 참구의 준비는

다 된 셈입니다.

117
남은것은 치열한 정진과
최종적인
'왁'
한소리 치는 일일 뿐입니다.

118

"행주좌와 모든 곳에서
마음이 순일하고 곧으면
도량에서 움직이지 않고 정토를 이루게 되니
이것을 일행삼매라고 한다."   <육조단경>

119

초학자는 정신을 집중하기가
쉽지 않습니다.
항상 잡념이 나타나기 때문입니다.
일어나는 잡념을 어떻게 해야 할까요?

120

적지 않은 사람들이 수행을 하면

오히려 잡념이 더 많아짐을 느낍니다.

사실은

잡념이 더 많아지는 것이 아닙니다.

121

수행하지 않을때는

어지러운 생각이 가득한 상태로

온종일 생활하면서도

그것을 깨닫지 못한 것일 뿐입니다.

122

수행후에
정신이 안정되면
그 배경 위에서 잡념이 일어남을
분명하게 알아차릴 수 있습니다.

123

고요함을 구하는 심리 때문에
잡념의 자극이 더욱 강하게 느껴 지는데
잡념이 있다는 것을 알아차리는 것은
이미 입정이 시작 되었음을 알려주는 것입니다.

124
수행과 더불어
잡념이 찾아온 것이 아니고
수행을 통한 안정된 배경 위에
잡념이 분명히 드러난 것입니다.

125
마치 어두운 방에서는
방안에 날아다니는 먼지를 볼 수 없다가
한가닥 햇살이 비치면 볼 수 있는 것과 같습니다.
잡념과 먼지는 성질이 비슷해서 그냥 두면 됩니다.

126
이미 의식이
입정에 들어서기 시작했기 때문에
마음을 편히 하면
서서히 잡념이 사라집니다.

127
잡념의 해결은 수행의 단계마다
다른 과정이 있습니다.
선정에 여러 층차가 있고
잡념도 여러 층차가 있기 때문입니다.

128

바깥층차의 잡념을 해결한 후
보다 깊은 층차의
고요함으로 들어갈때
잠재하던 잡념이 나타납니다.

129

선정이 깊어질 때마다
잡념을 제거하는 과정이 있습니다.
의식활동은 본래
하나의 층차가 아니기 때문입니다.

130

예를들어

어떤 사람과 대화를 할때

문득 다른 문제가 떠오르기도 합니다.

이것은 두개의 층차가 된 것입니다.

131

이때 대화에 전념하기 위해

생각을 물리치게 됩니다.

이 억제하는 생각은

또 다른 하나의 층차입니다.

132
표면의식이 휴식하고 안정되면
더욱 깊은 층차를 느끼게 됩니다.
이것을 다시 안정시키면
더욱 깊은 층차가 생깁니다.

133
수행단계마다
거듭해서 변화와 안정이 반복됩니다.
최후에 가장 심층의 의식이 안정되면
비로소 완전한 선정이라 할 수 있습니다.

134

이 과정에서 항상 잡념이 나타나는데
어느때에 쉽게 안정이 되었다가
이 과정을 지나면
다시 쉽게 안정이 되지 않을 때가 많습니다.

135

이때
공부가 퇴보했다고 느끼겠지만
사실은
퇴보가 아니고 선정의 층차가 깊어진 것입니다.

136

성실하게 수행하는데도

끝없이 잡념이 일어나

안정되지 않고

정신 집중이 되지 않을 때는

137

반드시

마음속으로

자신의 공부가 향상되는 과정에서

나타나는 현상임을 인식해야 합니다.

138

조급해 하거나 번민하지 말고

굳건한 의지력으로 견디면서

원래의

수행시간을 엄수해야 합니다.

139

이렇게

각고의 노력을 한다면

어느새

새로운 층차에 들어 설 수 있습니다.

140

옛 어른스님들의

공부하신 모습을

대승기신론 원효 소.별기를 통해

조금 엿보도록 하겠습니다.

141

"만약 지(止)를 닦는 수행자라면

고요한 곳에 머물러 단정히 앉아

뜻을 바르게 하되

호흡에 의하지 않으며

142

형색에 의하지 않으며

허공에 의하지 않으며

지,수,화,풍 내지

견문 각지에 의하지 말아야 한다.

143

일체 모든 생각은 생각대로 없애고

또한 없앤다는 생각마저도 없어야 한다.

일체 법은 본래 어떠한 상도 없어서

생각마다 불생불멸이다.

144
또한 마음을 따라 바깥 경계를 생각한후에
마음으로 마음을 없애려고 하지 말고
마음이 흐트러지면 곧 마음을 거두어
정념에 머물러야 한다.

145
정념이란
오직 마음일뿐
바깥에 경계가 없다는 것을
으레 아는 것이다.

146

이 마음 또한

근본 실체가 없어서

생각생각마다

얻을 수 없다.

147

오고 가고 앉고 눕는 삶의 모든 행위에서

이 모든 때에 늘 방편을 생각하고

이치대로 살피며 오래 공부하다 보면

그 마음이 머물게 된다.

148

마음이 머물렀기에 점점 섬세하게 되고
진여삼매에 수순하면
번뇌를 조복하고 믿음이 증장되어
속히 불퇴전의 경지에 이르게 된다.

149

오직 불법을 의심하여
믿지 않고 헐뜯는 중죄업을 짓는 사람들과
아만이 있거나 게으른 사람은 제외하는데
왜냐하면 삼매에 들어갈 수 없기 때문이다.

150
또한
이 삼매에 의하기 때문에
법계가
하나의 상이라는 것을 안다.

151
이는 일체 부처님의 법신이
중생의 몸과 평등하여
둘이 아님을 말하며
이를 일행삼매라 이름한다.

152

진여가 삼매의 근본이니

이를 수행하면

점점 헤아릴 수 없는 삼매를

이룰 수 있을 것이다."   <권6 지관문 중>

153

원효스님의 말씀입니다.

"일행삼매란 <문수반야경>에서

'무엇을 일행삼매라 합니까'라고

부처님께 여쭈니

154

부처님께서
'법계는 하나의 상인데
이 법계를 반연하는 것을
일행삼매라고 하느니라.

155

일행삼매에 들어간 수행자는
항하의 모래알처럼 많은
부처님 법계의 차별없는 모습을
모두 다 알 수 있느니라.

156

반면 아난은 부처님의 법을 듣고

모든것을 다 외워

변재와 지혜가 모든 성문중에 으뜸이더라도

아직 차별속에 있어서 한계가 있느니라.

157

그러나 아난이 일행삼매를 얻는다면

모든 경전의 법문을 남김없이 분별하여

하나 하나 모두 분명히 알아서 걸림이 없고

주야로 늘 말하여도 지혜와 변재가 가없을 것이니라.

158

만약 아난의 다문과 변재를
일행삼매와 비교한다면 아난의 것은
백천만 분의 일에도 미치지 못하느니라.'며
자세히 말씀하셨다.

159

진여삼매가
이렇게 한량없는 삼매를 낼 수 있어서
'진여가 삼매의 근본.'
이라고 말한다." <권6 지관문 원효소 중>

160
여기서 우리는
합리적인 비판을 할 수 있어야 합니다.
왜
나를 찾아야 하는가?

161
내가 누군지 알지 못해도
지금까지 사는데 별 불편이 없었고
나의 삶에 충실하며 직장도 다니고
적당한 돈과 건강도 챙기고 있으며

162

앞으로 있을지 모르는
불안요소를 대비해 보험도 들었고
화목한 가정과 친근한 동료가 있는데
굳이 왜 나를 찾아야 하는가?

163

더우기 과학기술의 발달, 4차 산업혁명은
우리의 일상에도
로봇과 인공지능 슈퍼컴퓨터등을 제공하며
많은 편리함과 안락을 제공 할 텐데

164

자율 주행 자동차로

사고 위험없이 정확하게 이동하고

로봇의 서비스로

생활의 편리 뿐만 아니라 노동에서 해방되며

165

주머니속 슈퍼컴퓨터로

필요한 정보는 언제든지 얻을 수 있고

인공지능의 의사결정으로

어려운 문제 때문에 머리 아플 필요가 없으며

166

체내에 스마트기기를 삽입하면
건강관리, 질병치료도 알아서 할 것이고
생물학 기술의 발달로
원하는 아기를 맞춰 낳을 수도 있을 것인데

167

앞으로 최소한 천년은
발달된 과학기술이 만든 진보된 사회에서
편리함 안전함에 만족하며 살아갈 것인데
왜 나를 찾아야만 하는가?

168

왜냐하면 위의 대부분이
정체성없는 만족이기 때문입니다.
만족하지만 누가 만족하는지 모르는 것은
우리 모두의 문제입니다.

169

인공지능과 로봇이 자리잡기 시작한
패러다임에서
지혜와 자비가 밑바탕되는
정신문화로 바뀌어야 합니다.

170

과학기술의 발달, 4차 산업혁명 앞에서
유독 윤리문제만이 길을 잃고 헤매는것은
'나는 누구인가?'의 문제를
해결하지 못했기 때문입니다.

171

과학기술의 발달, 4차 산업혁명을 말하는
과학자,정치가,기술자,철학자,기업가 중
어느 누구도
'나는 누구인가?'를 모르기 때문입니다.

172

그렇다면 왜 나를 알아야 하는가?
나를 알면 남을 알기 때문입니다.
근본적으로 다르지 않기 때문입니다.
나와 남이 둘 아닌 지혜입니다.

173

이 지혜에서 생기는
평등심이 자비입니다.
나와 너가 서로에게 자비를 베풀때
나와 너가 우리가 됩니다.

174
지혜와 자비가 '우리'를 만들어 내듯이
지혜와 자비가 할 수 있는 일은
거의 무한대에 가깝습니다.
의식의 능력, 마음의 크기가 가없기 때문입니다.

175
예를 들면
바둑은 세상에 존재하는 모든 놀이중에
가장 인간본성에 충실해야하고
타인의 인격을 존중해야 즐길 수 있는 놀이입니다.

176

얼마전에 역사적인 대국이 있었습니다.

세상에서 가장 바둑을 잘 두는 사람과

세상에서 가장 혁신적인 인공지능 프로그램이

세상의 이목을 집중시키며 바둑을 두었습니다.

177

흥미로운 점은

이세돌 9단이 알파고를 이긴 대국입니다.

영감으로 둔 한 수가

알파고의 계산을 무력화 시킨 부분입니다.

178

앞으로 시간이 갈수록

계산 능력이나 정보의 축적 부분에서

인공지능은 탁월한 능력을 수행할 것입니다.

이 부분을 인간이 잘 이용만 하면 됩니다.

179

바둑판 위에는 너무나 많은

가로줄 세로줄이 세겨져 있고

너무나 분명한 흑 백의 돌이 있습니다.

이기려면 엄청난 계산능력이 필요합니다.

180

가로줄 세로줄을 없애 버린다면

인공지능도 어쩔 줄 몰라 하겠지만

흑 백의 돌도 의미가 없어지고

바둑도 바둑이라고 이름 붙일 수 없겠지요.

181

어떻게 하면 바둑을 즐길 수 있을까요?

이기고 지는 것을 떠나면 어떨까요?

그러면 흑과 백을 둘 아니게 보고

백과 흑을 평등하게 대할 수 있지 않을까요?

182

그 영감으로 둔 한 수가

그 상황에서 가장 원만한 수가 된다면

한 수 한 수의 돌로 원만하게 채워 간다면

상대가 누구이든 바둑을 즐길 수 있지 않을까요?

183

서로에게 더 좋은 방법을 찾는 원만한 지혜

이기고 지는 것을 떠나 지혜를 실천하는 자비

계산된 앎으로는 실현할 수 없는

인간본성에 충실한 존중이 만든 바둑세계입니다.

184

사람은 삶을 아는 존재입니다.

삶은 생명과 의식으로 구성되는데

생명을 주재하는 것은 의식이고

의식은 수양을 통해 인간을 진화 시킬 수 있습니다.

185

삶 속에서의 자각

나의 삶을 진리로 이끄는 열쇠입니다.

이 자각을 지혜라고 말하기도 합니다.

대수롭지 않게 여기던 곳에 보물이 있습니다.

186
소리가 있을 때
사람 인공지능 모두가 반응을 합니다.
인공지능이 오히려 넓고 섬세하게 듣습니다.
사람은 소리듣고 있음을 자각할 수 있습니다.

187
소리가 들리는 묘함을 느낄 수 있습니다.
묘한 살아있음을 느낄 수 있다면
내가 누구인지 잘은 몰라도
이미 인공지능을 초월한 것입니다.

188
이 뿐만 아니라
지혜와 자비가 법계를 건립하면
마음과 마음을 연결하는
마음 네트워크를 구축할 수도 있습니다.

189
더 나아가 질병, 정보, 이동 등의 문제를
스스로 해결할 수 있게 되는데
열쇠는 의식의 물질성에 있으며
열 네번째 인사를 할 수 있어야 합니다.

190

이쯤되면 말하지 않아도
인공지능이 설자리를 서로 알 것입니다.
과학기술이 발달하는 만큼
인간의 의식도 진화해야만 합니다.

191

생명활동의 오묘함을 탐구하고
생명을 자유롭게 해방시키며
서로의 근본을 존중하면서 나눠 하나된다면
그곳은 틀림없이 아름다운 세상일 것입니다.

192
이 모두가
'나는 누구인가'에서부터 시작합니다.
도대체 나는 누구이며
마음은 어디 있습니까?

193

아난과 대중이 공경히 정례하고
삼가 자비로운 가르침을 받고 있었는데
부처님께서 아난에게 이르시기를
"아난아, 당초에 발심할 적에

194

나의 법 가운데
어떤 거룩한 상을 보았기에
인간 세상의 깊고 중한 은애를
미련없이 버렸느냐?"

195
"저는 여래의 삼십이상이
뛰어나게 미묘하고 아주 특이하며
형체가 마치 맑은 유리처럼
밝게 비침을 보고

196
욕기로는 저런 미묘하게 밝은 자금광을
발생시킬 수 없다고 늘 스스로 생각하고
목마른 때에 물을 찾듯이 우러러 보다가
불타에게 귀의하여 출가하였습니다."

197

"훌륭하다. 아난아!
너희들은 마땅히 알아야 한다.
일체의 중생이 무시이래로
나고 죽음이 계속되는 이유는

198

다 상주하는 참마음의
본성의 맑고 밝은 본체는 알지 못하고
망상으로만 작용한 탓인데
이 망상이 참되지 못하므로 윤전이 있느니라.

199

네가 지금 진발명성(眞發明性)을

연구하고자 하거든

마땅히 곧은 마음으로

내가 묻는 말에 대답하라.

200

네가 발심한 것이

여래의 삼십이상을 말미암은 것이라고 하니

그것을 무엇으로 보았으며

누가 좋아하였느냐?"

201
"세존이시여,
이렇게 좋아함은
나의 마음과
눈으로 하였습니다.

202
눈으로 여래의 거룩한 상을 보고
마음에 좋아함이 생겼으므로
제가 발심하여
생사를 버리고자 원했습니다."

203
"네가 말한 것과 같이 참으로 좋아함은
마음과 눈으로 말미암은 것인데
만약 마음과 눈이 있는 곳을 알지 못하면
번뇌를 항복 받을 수 없을 것이다.

204
너로 하여금 윤전하게 함은
마음과 눈의 허물이니라.
내가 지금 너에게 묻겠노라!
마음과 눈은 어느곳에 있느냐?"

1. 몸 안(재내在內)

205

"세존이시여

일체 세간의 이생(異生)들이

인식하는 마음은

다같이 몸 속에 있습니다.

206

여래의 청련화안(青蓮華眼)을 보아도

불타의 얼굴에 있으며

지금 저의 부근(浮根) 사진(四塵)을 보아도

제 얼굴에 있으니

207

그러므로

인식하는

마음은

몸 속에 있다고 여깁니다."

208

"네가 지금 여래의 강당에 앉아

기타림을 보고 있는데, 그것들은 어디에 있느냐?"

"세존이시여! 이 청정한 강당은 급고독원에 있고

기타림은 강당 밖에 있습니다."

209

"아난아!

네가 지금

강당 안에서

먼저 무엇을 보았느냐?"

210

"세존이시여! 제가 강당 안에 있으면서

먼저 여래를 보았고

다음에 대중을 보았으며

그리고 바깥에 기타림과 급고독원을 보았습니다."

211

"아난아!

네가 기타림과

급고독원을 본다고 하니

무엇으로 인해서 보게 되느냐?"

212

"세존이시여! 이 큰 강당의

문과 창이 활짝 열려 있으므로

제가 강당 안에 있으면서

멀리 기타림과 급고독원을 볼 수 있습니다."

213

"네가 말한 것과 같이
몸은 강당에 있으나
문과 창이 활짝 열렸으므로
멀리 기타림과 급고독원을 본다 하였는데

214

그렇다면 어떤 중생이
이 강당에 있으면서
여래는 보지 못하고
강당 밖만 보는 자가 있겠느냐?"

215
"세존이시여!
강당에 있으면서 여래는 보지 못하고
기타림과 급고독원 만을 본다고 함은
그러한 것은 있을 수가 없습니다."

216
"아난아! 너도 그러하니라.
너의 심령이 일체를 환하게 아는데
만약 너의 환하게 아는 마음이
사실 몸안에 있는 것이라면

217

마땅히 먼저 몸 안의 것부터
알아야 할 것이다.
그런데, 먼저 몸 안을 보고
다음에 밖의 물건을 볼 수 있느냐?

218

몸 안 오장육부는 진실로 환하게 알 것인데
어찌하여 알지 못하느냐?
몸안의 것을 알지 못한다면
밖의 것은 어떻게 안다고 하겠느냐?

219
그러므로 알아야 한다.
네가 말한 깨닫고 알고 하는 마음이
몸안에 있다고 함은
그러한 것이 있을 수가 없느니라."

2. 몸 밖(재외在外)
220
"제가 여래의
이러한 법음을 듣고
제 마음이
실로 밖에 있음을 알았습니다.

221
비유하자면, 방 안에 등불을 켜 놓으면
그 등불의 빛이 반드시
먼저 방 안을 비추고 방 문을 거쳐서
다음에 뜰과 마당을 비추는 것 같이

222
일체의 중생이
몸 안은 보지 못하고 몸 밖만 보는 것은
마치 등불이 집 밖에 있어서
방 안을 비추지 못 함과 같습니다."

223

"아난아, 이 모든 비구들이 조금 전에
나를 따라 시라벌성에서 탁발하고
기타림으로 돌아왔는데
나는 이미 먹었다만

224

너는 비구들을 보아라.
한 사람이 먹을 때에
여러 사람이 같이
배 부르더냐, 배 부르지 않더냐?"

225

"세존이시여! 이 모든 비구가 비록 아라한이라도

몸과 생명이 같지 아니한데

어떻게 한 사람이 먹었다고

여럿이 배 부를 수 있겠습니까?"

226

"만약 너의 깨닫고 알고 보고 하는 마음이

사실 몸 밖에 있다면

몸과 마음이 서로 밖이 되어서

자연 서로 관계가 없을 것이다.

227
그래서, 마음이 아는 것을
몸은 깨닫지 못할 것이며
깨닫는 것이 몸에 있으면
마음은 알지 못할 것이다.

228
내가 지금 도라면 같은 손을 너에게 보이는데
너의 눈이 볼 때에
마음이 분별하느냐, 분별하지 않느냐?"
"분별합니다. 세존이시여."

229
"그러므로 마땅히 알아야 한다.
네가 말한 깨닫고 알 수 있는 마음이
몸 밖에 있다고 함은
그러한 것은 있을 수 없느니라."

   3. 눈 속 (잠근潛根)

230
"세존이시여!
불타의 말씀과 같아서
안을 보지 못하므로
몸 안에 있는 것도 아니고

231

몸과 마음이 서로 알기 때문에
서로 떨어진 것도 아니므로
몸 밖에 있는 것도 아닌데
생각해 보니, 한 곳에 있는 것임을 알겠습니다."

232

"그 한 곳이 어디에 있느냐?"
"이 환하게 아는 마음이
안은 모르면서 밖의 것을 볼 수 있으니
제 생각으론 눈 속에 있는 듯합니다.

233
마치 어떤 사람이 유리 그릇을 가져다가
두 눈에 댄 것과 같아서
비록 물건에 가려졌으나
장애가 되지 않고

234
눈이 보는 대로
따라서 곧 분별합니다.
그러나 저의 깨닫고 알 수 있는 마음이
안을 보지 못하는 것은

235

마음이 눈 속에 있기 때문이고

분명하게 밖을 보는데도

장애가 없는 것은

눈알이 맑기 때문입니다."

236

"네 말처럼 눈 알 속에 숨어 있는 것이

마치 유리와 같다면

그 유리를 눈에 댄 사람이

강과 산을 볼때 유리를 보느냐, 못 보느냐?"

237
"세존이시여,
그 사람이
유리를 눈에 대었으므로
유리를 볼 수 있습니다."

238
"네 마음이 만약
눈에 유리를 댄 것과 같다면
산과 물을 볼 때
어찌하여 눈을 보지 못하느냐?

239

만일 눈을 본다면

눈이 곧 대상의 물체와 같아서

눈이 보는 대로 따라서

분별한다는 말이 성립될 수 없고,

240

만약 눈을 보지 못한다면

어떻게 깨닫고 알고 하는 마음이

눈 속에 숨어 있음이

마치 유리를 댄 것과 같다고 말 하겠느냐?

241
그러므로 마땅히 알아야 한다.
네가 말한 깨닫고 알 수 있는 마음이
눈 속에 숨어 있음이 마치 유리 댄 것 같다 함은,
그러한 것이 있을 수 없느니라."

4. 어둠 속(장암藏暗)

242
"세존이시여,
저는 또 이렇게 생각했습니다.
장부는 안에 있고
구멍은 밖에 있는데,

243

장부는 어둡고 구멍은 밝습니다.

제가 지금 불타를 대하여

눈을 뜨고 밝음을 보는 것은

밖을 본다고 하고

244

눈을 감고 어두운 것을 보는 것은

안을 본다고 하고 싶은데

이러한 이치는

어떠하겠습니까?"

245

"네가 눈을 감고 어두운 것을 볼때

그 어두운 세계가

눈과 서로 대하였느냐?

눈과 대하지 않았느냐?

246

만일 눈과 대하였다면

어두움이 눈 앞에 있는데

어떻게 안을 본다는 말이

성립되겠느냐?

247

만약 안을 본다는 말이 성립 된다면

어두운 방 안에 있을 때에

해와 달과 등불이 없으면

그 어두운 방 속이 전부 너의 장부일 것이며

248

만약 어두운 세계가

눈과 대하지 않는다면

어떻게

본다는 말이 성립되겠느냐?

249

만약 밖으로 본다는 것을 떠나서

안으로 대하는 것이 이뤄진다 하더라도

눈을 감고 어두움을 보는 것으로

몸 속을 본다고 한다면

250

눈을 뜨고 밝음을 볼 적에

어째서 얼굴을 보지 못하느냐?

만약, 얼굴을 보지 못한다면

안으로 대한다는 말이 성립되지 않느니라.

251
얼굴을 보는 것이 이루어 진다면
이 깨닫고 알고 하는 마음과 눈은
곧 몸 밖의 허공에 있는 것인데
어떻게 안에 있다고 하겠느냐?

252
만약 허공에 있다면
그것은 너의 몸이 아니므로
그러할 경우 지금 너의 얼굴을 보고 있는
여래까지도 너의 몸이라 하겠구나!

253

그러니 너의 눈은 알고 있더라도

몸은 깨닫지 못 할 것인데

너는 굳이 고집하여 말하기를

몸과 눈이 다 안다고 한다면

254

이는 마땅히

두 알음알이가 있는 것이니

그렇다면 곧 너의 한 몸이

응당 두 붓타를 이루겠구나!

255
그러므로 마땅히 알아야 한다.
네가 말한 어두운 것 보는 것을 가지고
안을 본다고 하는 것은
그러한 것은 있을 수 없느니라."

5. 어울림을 따름 (수합隨合)

256
"제가 일찌기
불타께서 사부대중에게
이렇게 말씀하시는 것을
들었습니다.

257

'마음이 생김으로 인하여

여러가지 법이 생기고

법이 생김으로 인하여

여러가지 마음이 생긴다.'

258

지금 생각하니

곧 생각하는 그 자체가

사실 나의 심성입니다.

어울리는 곳(合)에 따라서 마음도 있는 것이니

259
역시
안과 밖과 중간
세곳에 있는 것이 아닌가
여겨집니다."

260
"네가 지금 말하기를
법이 생김으로 인하여 마음이 생겨
법과 마음이 어울리는 곳을 따라서
마음이 있다고 하지만

261

마음은

본체가 없는 것이어서

어울릴 것도

없을 것이다.

262

만약 본체가 없으면서도 어울릴 수 있다면

이는 십구계가 칠진으로 인하여

어울림과 같은 것이니

그러한 이치가 없느니라.

263

만약 본체가 있다면
가령 네가 손으로 네 몸을 찌를 적에
너의 아는 마음이 다시 안에서 나오느냐?
밖에서 들어오느냐?

264

만약 안에서 나온다면
몸 속을 보아야 할 것이고
만약 밖에서 들어온다면
먼저 얼굴을 보게 될 것이다."

265

"보는 것은 눈이고

마음은 아는 것이어서

보는 눈이 아닌데

볼 것이라고 하심은 옳지 않은 듯 합니다."

266

"만약 눈이 볼 수 있는 것이라면

네가 방 안에 있을 때

문(門)이 볼 수 있느냐

볼 수 없느냐?

267

그리고 죽은 사람도
아직 눈은 있을 터이니
마땅히 물건을 볼 것이 아닌가?
만약 본다면 어떻게 죽었다 하겠느냐?

268

아난아,
또 너의 알고 깨닫고 하는 마음이
만약 반드시 몸체가 있는 것이라면
그 몸체가 하나이냐? 여럿이냐?

269
지금
너의 몸에 있어서
온 몸에 가득하냐?
온 몸에 가득하지 아니하냐?

270
만약
그 몸체가 하나라면
네가 손으로 한 활개를 찌를 적에
네 활개가 다 깨달아야 할 것이다.

271

만약

모두가 깨닫는 다면

찌르는 것이

따로 장소가 없을 것이고

272

만약

찌르는 것이 따로 장소가 있다면

너의 몸체가 하나라는 것이

자연 성립될 수 없느니라.

273

만약

몸체가 여럿이라면

여러 사람이 되어야 하는데

어느 몸체가 네가 되느냐?

274

만약

온몸에 가득하다면

앞에서 찌르는 것과

같을 것이다.

275
만약
온몸에 가득한 것이 아니라면
네 머리를 부딪혔을 적에
발을 만질 경우

276
머리가 깨닫는 바가 있으면
발은 만지는 줄을 몰라야 할 것인데
지금 너는
그렇지 아니하니라.

277
그러므로 마땅히 알아야 한다.
어울리는 곳에 따라서
마음도 있다고 함은
그러한 것은 있을 수 없느니라."

   6. 중간 (中間)
278
"세존이시여,
불타께서 문수등 여러 법왕자와
실상에 대해
말씀하실 적에

279
세존께서 말씀하시기를
'마음은 안에 있는 것도 아니고
밖에 있는 것도 아니다.'
라고 하셨습니다.

280
제가 생각하기로는
안이라고 하여도 보는 바가 없고
밖이라고 하면
서로 알지 못할 것인데

281

안에 것을 알지 못하므로

안에 있다는 것이 성립되지 않고

몸과 마음이 서로 알기 때문에

밖에 있다는 것도 옳지 않은데

282

이는 서로 알기 때문이며

그렇다고 안으로 보는 것도 아니니

마땅히

중간에 있겠습니다."

283

"네가 중간이라고 말하는데
그 중간이 반드시
막연한 것이 아니어서
있는데가 없지 아니할 것이다.

284

네가 중간을 추측하여 보라.
중간이 어디에 있느냐?
따로 있는 장소가 있느냐?
몸에 있느냐?

285
만약 몸에 있을 경우
겉에 있으면 중간이 아니고
중간에 있으면
안과 같느니라.

286
만약 어느 장소에
있는 것이라면
표시할 곳이
있느냐, 없느냐?

287
표시할 곳이 없다면
이는 없는 것과 같고
표시할 곳이 있다면
이는 일정하지 아니하다.

288
왜 그런가 하면
만약 사람이
표시할 수 있는 것을 가지고
중간이라고 했을 때

289

동쪽에서 보면 서쪽이 되고

남쪽에서 보면 북쪽이 된다.

표시한 그 자체가 이미 혼란하니

마음도 따라서 혼란해 지는 것이다."

290

"제가 말한

중간이란 것은

이상의 두 가지 종류를

말한 것이 아닙니다.

291

세존께서 말씀하시기를
'눈과 색진이 인연이 되어
안식이 생긴다.' 고
하신 것과 마찬가지로

292

눈은 분별이 있고
색진은 앎이 없는 것인데
안식이 그 중간에서 생기니
이것이 마음이 있는 곳이라 여겨집니다."

293

"만약 눈과 색진의 중간에 있는 것이라면
이 마음 자체가
두 가지를 겸하였느냐,
두 가지를 겸하지 아니하였느냐?

294

겸했다면 눈과 색진이 혼잡할 것이니
색진은 눈처럼 앎이 없으므로
적대하여 양립이 될 것인데
어떻게 중간이라 할 것이냐?

295
두 가지를 겸하지 아니하였다면
앎도 아니고, 앎이 아닌것도 아니다.
이는 곧 체성이 없는 것인데
중간이란 어떤 모양이 되겠느냐?

296
그러므로
마땅히 알아야 한다.
중간에 있을 것이라고 한 것은
그러한 것이 있을 수 없느니라."

7. 집착없는 것 (무착無着)

297

"세존이시여! 제가 옛날에 보았는데
불타께서 대목련, 수보리, 부르나, 사리불의
네 큰 제자들과 함께
법륜을 굴리실 적에 늘 말씀하시기를

298

'알고 분별하는 것이 안에 있는 것도 아니고
밖에 있는 것도 아니며
중간에 있는 것도 아니다.
아무데도 있는 데가 없어서

299
일체의 집착이 없는 것을
마음이라고 한다.'고 하셨으니
제가 집착함이 없는 것을
마음이라고 하면 되지 않겠습니까?"

300
"네가 알고 분별하는 마음이
아무데도 있는 데가 없다고
말하는데
이 세상과 허공이나

301
물이거나 육지거나
날아다니거나 걸어다니는
모든 물상을 이름하여
일체라고 하니

302
네가 집착하지 않는다고 함은
있다는 것이냐? 없다는 것이냐?
없다면 거북이 털, 토끼의 뿔과 같은데
어디에 집착하지 않는다는 말이냐?

303

있는데 집착하지 않는다면

집착이 없다고 이름할 수 없느니라.

형상이 없으면 없는 것이고

없는 것이 아니면 그것이 곧 형상이니라.

304

형상이 있으면

집착이 있는 것인데

어떻게

집착이 없다고 하겠는가?

305
그러므로 마땅히 알아야 한다.
일체의 집착이 없음을 가지고
깨닫고 알고 하는 마음이라고 하는 것은
그러한 것이 있을 수 없느니라."

306
아난이 대중 가운데 있다가
자리에서 일어나 오른 어깨를 드러내고
오른 무릎을 땅에 대고 합장하면서
불타께 공경을 표하였다.

몇번째 안녕으로
인사하세요?

첫번째: 반문문자성(反聞聞自性)

두번째: 지견(知見)을 돌림

세번째: 관청(觀聽)을 돌림

네번째: 망상(妄想)을 끊어 없앰

다섯번째: 문성(聞性)을 이룸

여섯번째: 문(聞)을 훈습(熏習)함이 정명(精明)함

일곱번째: 음성(音性) 원만 소멸

여덟번째: 자력(慈力) 두루 발현

아홉번째: 금강삼매(金剛三昧)로 문(聞)을 훈습하여
          드디어 망진(妄塵)을 벗어남

열번째: 능대(能對)와 소대(所對)가 없어짐

열한번째: 망진을 소멸하여 밝음으로 돌아감

열두번째: 세간(世間)에 들어감, 온누리

열세번째: 둘아님(不二), 한우리

열네번째

307
그때에 세존께서
대중 가운데의 여러 보살들과
누(漏)가 없어진 대아라한들에게
널리 말씀하시기를

308
"너희 보살과 아라한이
나의 법 가운데서
무학을 이루었는데
내가 너희에게 묻겠노라

309

최초에 발심하여

십팔계(十八界)를 깨달았을 때

어느것이 원통한 것이며

무슨 방편으로 삼마지에 들어갔느냐?"

310

그때에

관세음보살이 자리에서 일어나

불타의 발에 정례하고

불타에게 아뢰기를

311

"세존이시여! 생각해보니
옛적 무수한 항하사 겁 이전에
어떤 불타께서 세상에 나셨는데
이름이 '관세음' 이었습니다.

312

그 불타께서 보리심을 발하셔서
저를 가르치기를
'문.사.수(聞.思.修)로 삼마지에 들어가라' 고
하셨습니다.

313
처음 문(聞)중의 유(流)에 들어갔으되
소(所)가 없어
들어간 곳이 이미 고요해져서
동정(動靜)의 두 상이 다 생기지 아니하였는데

314
이렇게 차츰 증가해서
능문(能聞)과
소문(所聞)이
다하여 졌으며

315

문이 다함도 머물러 있지 아니하여

능각(能覺)과

소각(所覺)이

공(空)하였으며

316

공한 그 각이 아주 원만하여

능공(能空)과

소공(所空)이

없어졌는데

317
생멸(生滅)이
이미 없어지고
적멸(寂滅)이
앞에 나타났습니다.

318
홀연히
세간과 출세간을 초월하여
시방이 원명해지면서
두 가지 수승함을 얻었는데

319
하나는 위로
시방 제불의 본각묘심과 부합하여
불여래와
자력(慈力)이 동일함이요

320
둘은 아래로
시방의 일체 육도 중생과 부합하여
중생으로 더불어
비앙(悲仰)이 동일합니다.

321

세존이시여!

저는

관음여래를 공양하고서

그 여래께서

322

환(幻) 같은 문(聞)을

훈습(薰習)하고

수습(修習)하는

금강삼매(金剛三昧)를 일러 주심으로 말미암아

323

불여래와 자력이 같았으므로

저로 하여금

삼십이응을 이루어서

여러국토에 들어갈 수 있게 해 주셨습니다.

324

세존이시여!

저는 또 다시

이 문훈 문수 금강삼매의

작위가 없는 묘력으로

325

일체 중생과 비앙을 같이하므로

모든 중생으로 하여금

저의 몸과 마음에서

열네가지 무외공덕을 얻게합니다."

326

듣는 이뭣고? 첫번째 안녕하세요!

"제가 스스로

관음(觀音)하지 아니하므로 말미암아

관하는 자를 관하므로

327
시방의 고뇌를 받는
중생으로 하여금
그 음성을 관하여
곧 해탈을 할 수 있게 하며"

328
스스로 자신의
소리를 보지 않는다는 것은
소리가 일으키는 지견(知見)을
따르지 않음을 말하고

329

관하는 자를

관한다는 것은

듣는 기틀을 돌려

자성(自性)을 반조(反照)함입니다.

330

소리가 들릴 때

소리를 따라가지 않고

소리듣는 것이 무엇인지

반조하는 것입니다.

331
지견을 일으키지 않으면 망령될 것이 없고
자성을 반조하면
일체가 참으로 적정하게 되어
다시 고뇌가 없을 것입니다.

332
이것이 진관이고
정관이며 대지혜관이니
어리석은 어둠을 허물고
능히 재난을 항복받을 수 있으므로

333

고뇌받는 중생들이
나의 진관의 힘을 입어
곧 해탈할 수 있게 된다고
하신 것입니다.

334

반문문자성
듣는 자성을 반조하여 들음
자성을 반조함은 수행의 기본이며
깨달음의 관문입니다.

335

이를 알지못하면

나를 버리고

대아를 건립하는 수행길이

너무 멀고 힘들게 됩니다.

336

듣는 이뭣고? 두번째 안녕하세요!

"지견을 돌렸으므로

모든 중생으로 하여금 큰 불 속에 들어가더라도

불이 능히 태우지 못하게 하며"

337

소리로 말미암아

지견을 일으켜

견업과 교감하면

맹화를 느끼게 됩니다.

338

지견이 일어났음을 알고

반문문자성하면

견업이 없어져

맹화속에 있더라도 여여부동하게 됩니다.

339

듣는 이뭣고? 세번째 안녕하세요!

"관청(觀聽)을 돌렸으므로

모든 중생으로 하여금 큰 물에 떠내려가더라도

물에 빠지지 않게 하며"

340

들음으로 말미암아

정감(情感)을 일으켜

문업과 교감하면

물결을 느끼게 됩니다.

341
정감이 일어났음을 알고
반문문자성하면
문업이 없어져
큰 파도속에 있더라도 여여부동하게 됩니다.

342
듣는 이뭣고? 네번째 안녕하세요!
"망상을 끊어없애 마음에 살해가 없으므로
모든 중생으로 하여금 귀신 나라에 들어도
귀신이 능히 해치지 못하게 하며"

343

일의 갇힘에서 벗어남으로부터

원한을 떠나는 일에 이르기까지

모두 육근을 소멸시키는 것을

근본으로 하며

344

이로 말미암아

마음에 부름이 없으므로

경계가

어떻게 할 수 없는 것을 말합니다.

345

듣는 이뭣고? 다섯번째 안녕하세요!

"들음을 훈습하여

듣는 성품을 이루고

육근이 소멸하여 소리를 들음과 같으므로

346

능히 중생으로 하여금

피해를 당하게 되더라도

칼이 동강동강 부러져

병장기로 하여금 물베이는 듯 하고

347
또한
빛을 부는 듯하여
본성이
동요하지 않게 하며"

348
듣는 지혜(聞慧)로
문근을 훈습하여
원만한 들음
원만한 문성(聞性)을 이루고

349
한근이 이미 원만하면
육근이 소멸되는 것이
소리를 들음과 같아
형체에 가리워 짐이 없으므로

350
이런 까닭으로
물을 베이고
빛을 부는 것과 같다고
말한 것입니다.

351

듣는 이뭣고? 여섯번째 안녕하세요!

"들음으로 훈습함이 정교히 밝아

밝음이 법계에 두루하여

모든 어둠이 그 성품을 온전히 하지 못하므로

352

능히 중생으로 하여금

야차, 나찰, 구반다귀, 비사차, 부단나등이

비록 그 곁에 가더라도

눈으로 볼 수 없게 하며"

353
들음으로 훈습함이
정밀히 밝아서
저 어두운 데를 비춰 녹여 버리므로
능히 보지 못하는 것입니다.

354
듣는 이뭣고? 일곱번째 안녕하세요!
"소리의 성품을 원만하게 소멸시키고
관청을 돌이켜 들여서
모든 진망을 벗어났으므로

355

능히 중생으로 하여금

가둠과 매임과

칼과 족쇄가

조금도 붙어 있을 수 없게 하며"

356

소리의 성품이 원만하게 소멸되면

안으로는 속박이 없어지고

관청을 돌이켜 반조하면

밖으로 얽매임이 없으므로

357
이런 까닭에
칼과 족쇄가
저절로 벗겨져
자유로와 지는 것입니다.

358
듣는 이뭣고? 여덟번째 안녕하세요!
"소리를 소멸하고
들음이 원만하게 되어
자비의 힘을 두루 내었으므로

359
능히 중생으로 하여금
험한 길을 지나더라도
도둑이
강탈하지 못하게 하며"

360
소리와 들음이 서로 양립하면
나와 대상이 서로 나뉘지만
소리를 소멸하고
들음을 원만히 하면

361

안과 밖이

서로 대하여 양립하지 않게 되어

자비의 힘을 두루 낼 수 있으므로

다시는 원망과 적대관계가 없게 됩니다.

362

나와 대상이 나뉘지 않고

안.밖이 서로 대하여 양립하지 않아서

나.너가 우리가 되어 서로 안녕을 바라며

원만한 인사를 시작할 수 있게 되었습니다.

363
더욱이 문혜(聞慧)를 바탕으로
자비심이 생기게 되어
바야흐로 탐.진.치를 소멸시키는
대장부의 길로 들어서게 됩니다.

364
듣는 이뭣고? 아홉번째 안녕하세요!
"들음을 훈습하여
망진(妄塵)을 벗어나서
요색이 빼앗지 못하므로

365
능히
일체의 음욕이 많은 중생으로 하여금
탐욕에서
벗어나게 하며"

366
중생은 욕습으로 망진에 합하므로
요색의 겁탈함이 되는데
금강삼매로써 들음을 훈습하여
듣는 성품을 이루어 망진을 벗어나게 한 것입니다.

367
듣는 성품이 이루어지면
욕애가 말라지고
망진에서 벗어나면
근(根)과 경(境)이 만나지 않으므로

368
비록
요색이 있어도
마음을
움직이게 할 수 없는 것 입니다.

369
듣는 이뭣고? 열번째 안녕하세요!
"소리가 순일하고 망진이 없어져서
근과 경이 원만히 녹아
능대(能對)와 소대(所對)가 없으므로

370
능히
일체의 노(怒)하는 중생으로 하여금
성냄에서
벗어나게 하며"

371
진심(瞋心)은
뜻을 어김에서 일어나며
경계를 대함으로 해서
생기는 것입니다.

372
소리의 성품은 순하고 깨끗하여
망진이 없으므로
원융하게 어긋남이 없어서
능대와 소대가 없는 것입니다.

373
어김도 없고
대함도 없으면
화가
일어나지 않을 것입니다.

374
듣는 이뭣고? 열한번째 안녕하세요!
"망진을 소멸시키고 밝음에 돌아가서
법계와 몸과 마음이 마치 유리처럼 맑게 되어
환하게 트여 막힘이 없으므로

375

능히 일체의 어둡고 둔한

성품이 막힌

모든 아전가로 하여금

영원히 어리석음에서 벗어나게 하며"

376

치(癡)

어리석음은

망진에 가리고

무명에 덮힌것을 말미암으니

377
망진이 소멸되면
가림이 없어지고
밝음으로 돌아가면
덮힘이 없어지므로

378
밖으로 법계와
안으로 몸과 마음이
맑게 사무쳐
어리석음에서 벗어나게 되는 것입니다.

379

성품을 막는 것은

음욕과 성냄과 어리석음

탐.진.치가 가장 심하므로

이 세 가지를 예로 나머지를 겸한 것입니다.

380

탐.진.치를 소멸시켜

성품을 온전히 하고

법계를 건립하는

대승의 길로 들어섭니다.

381

법계건립

세계를 창조한다는 것이

일체는 마음이 지어내는 것으로

부사의 해탈경계입니다.

382

듣는 이뭣고? 열두번째 안녕하세요!

"형상을 녹이고 듣는 성품을 회복시켜

도량에서 움직이지 아니하고

세간에 들어가되

383

세간을 무너뜨리지 않고

시방에 두루하여

미진같은 제불여래를 공양하며

각각 불타의 곁에서 법왕자가 되었으므로

384

능히 법계의 자식이 없는 중생이

아들을 구하는 자로 하여금

복덕과 지혜를 갖춘

아들을 낳게 하며"

385

형상을 녹이면

막힘이 없어지고

듣는 성품을 회복하면

성품이 진실해지므로

386

세간에 들어가도

움직이지 않게 되고

세간을 무너뜨리지 않기 때문에

능히 시방에 두루하며

387
미진수 같은
제불여래를 공양하며
그 법을 이어받아
각각 법왕자가 되시니

388
법을 이어받아
지혜가 만족해져서 법왕을 계승하는 것에
남자의 도가 있으므로
능히 그 구함에 응할 수 있는 것입니다.

389
세간을 무너뜨리지 않고
제불여래를 공양함은
생명있고 생명없는 일체를
평등하게 보는 지혜가 바탕이 됩니다.

390
이러한 지혜가 바탕이 되어
평등심으로 시방법계를 사랑하는
자비가 만드는 세상
온누리가 건립됩니다.

391

듣는 이뭣고? 열세번째 안녕하세요!

"육근이

원만하게 통하여 밝게 비침이

둘이 아니므로

392

시방법계를 포함하여

대원경과 공여래장을 세워

시방의 미진같은 여래의 비밀스러운 법문을

순종하여 잃지 않았으므로

393
능히 법계의 자식없는 중생이
딸을 구하는 사람으로 하여금
단정하고 복덕있고 유순하여
모든이가 사랑하고 공경할 딸을 낳게하며"

394
원만하므로 둘이 아니고
통하였으므로 법계를 머금었으니
밝게 비침은 대원경지의 몸이고
법계를 머금음은 공여래장의 몸입니다.

395
이러한 것을 갖추었으므로
법문을
순종하여 이어받아
잃음이 없는 것입니다.

396
순종함은
땅의 유순한 덕이고
이어받음은
규문의 능한 일이어서

397
여자의
도가 있으므로
이런 까닭에
능히 그 구함에 응할 수 있는 것입니다.

398
시방법계를 포함하여
대원경지 공여래장을 세워
밝게 비침이 둘 아님은
원만지혜입니다.

399
법계를 머금고
여래의 법문을
순종하고 이어받음은
대자대비입니다.

400
존재와 비존재가 둘아님을 보는
원만지혜를 바탕으로
법계를 머금은 대자대비가 만드는 세상
한우리가 건립됩니다.

401

듣는 이뭣고? 열네번째 안녕하세요!

"이 삼천대천 세계의 백억 해와 달에서

세간에 현재 머물러 있는 모든 법왕자가

육십이억 항하사 수 만큼 있으니

402

법을 닦아 법을 드리우고

중생을 교화시키며

중생을 수순하는

방편과 지혜가 각각 같지 않지만

403

제가 얻은 원만하게 통하는 근본이

오묘한 이문(耳門)을 드러낸 후에

몸과 마음이 원통본근을 미묘하게 머금어

법계에 두루하므로

404

능히 중생으로 하여금

저 육십이억 항하사의 여러 법왕자를

모두 지닌 사람과

복과 덕이 똑 같아서 다르지 아니 할 것입니다.

405
세존이시여, 저의 한 이름이
저 많은 이름과 다름이 없는 까닭은
제가 닦아 익혀
진실한 원통을 얻었기 때문입니다."

406
먼저 많은 부처를 말하고
다음에 많은 복을 나타내신 것입니다.
한 불국토에 하나의 해와 달이 있으니
백억 일월은 백억 불국토입니다.

407

원통본근이 미묘하게

법계를 머금고

하나와 많음이 평등하여

자와 타가 둘이 아니므로

408

이런 까닭으로

내 이름을 지송하는 자로 하여금

복이

그와 같다고 한 것입니다.

409
마땅히 닦고 익혀서
진실한 원통을 얻게되면
한 몸과 많은 몸 이세계와 저세계
한 복덕과 한 명물이

410
각각 원만하고 두루하게 되어
다시는 다름이 없음을 알게 될 것입니다.
삼천대천세계는 말로 설명할 수 없는
부사의 해탈경계입니다.

411

"이것을
열 네가지 무외력을 베풀어
중생에게 복을 주는 것이라고
이름합니다."

아난이 의복을 정돈하고 대중 가운데서 합장하며 부처님께 정례하였다. 마음의 자취가 원만하게 밝아져서 슬픔과 기쁨이 서로 엉킨채 미래의 모든 중생들을 유익하게 하고자 머리를 조아리며 부처님께 여쭈었다.

"크게 자비하신 세존이시여! 제가 지금 부처가 되는 법을 이미 깨달아 법대로 수행함에 의혹이 없어졌습니다. 부처님께서는 늘 다음과 같이 말씀하셨습니다.

'자기는 제도되지 못하였으나 먼저 남을 제도하는 것은 보살의 발심이고 이미 스스로 깨달음이 원만하게 되고 다른이를 깨닫게 하는 것은 부처님께서 세상에 응하는 것이다.'

 저는 비록 제도되지는 못하였으나 말겁의 모든 중생을 제도하고자 합니다.

세존이시여! 이 모든 중생이 부처님께서 멸도 하신 후 점점 시간이 지나면 사악한 스승의 설법이 항하의 모래와 같이 많으리니 그 마음을 가다듬어 삼마지에 들어가고자 하면 그에게 어떤 방법으로 도량을 편안히 세워서 모든 악마의 일을 멀어지게 하며, 또한 보리심에서 후퇴하지 않게 할 수 있겠습니까?"

그때 세존께서 대중 가운데 아난을 칭찬하며 말씀하셨다.

"훌륭하고, 훌륭하다. 네가 물은 것처럼 도량을 편안히 세워서 말겁시대에 방황하는 중생들을 구호하려고 한다면 너는 지금 자세히 들어라. 마땅히 너를 위해 설명하겠다."

아난과 대중이 대답하였다.

"가르침을 받겠습니다."

부처님께서 아난에게 말씀하셨다.

"너는 내가 비나야(계율) 가운데 수행하는 세가지 결정한 뜻을 설명하는 것을 항상 들었을 것이다. 이른바 마음을 항복받는 것으로 계를 삼고 그 계로 인하여 선정이 생기고 그 선정으로 인하여 지혜가 발하나니 이것을 '번뇌를 없애는 세가지 학문' 이라고 한다.

    음욕을 갖지 말라.

아난아! 어찌하여 마음을 항복받는 것을 가지고 내가 계율이라고 이름했느냐 하면 만약 모든 세계의 육도 중생이 그 마음이 음란하지 않으면 나고 죽음이 서로 계속되는 것을 따르지 않을 것이다.
네가 삼매를 닦는 것은 본래 번뇌에서 벗어나기 위함인데, 음란한 마음을 제어하지 못하면 번뇌에서 벗어나지 못할 것이다. 비록 지혜가 많아서 선정이 앞에 나타난다 하더라도 만일 음욕을 끊지 못하면 반드시 마도에 떨어질 것이다. 크게 잘 되어야 마왕이 되고 중간쯤 되면 마왕의 신하이며 하품은 마왕의 백성이니 그 마구니들도 역시 무리가 있어서 각각 스스로 '최상의 도를 성취했다.'고 하느니라.

 내가 멸도한 뒤 말법중에 이러한 악마가 세상에 많이 번성하여 음욕을 탐하여 널리 음행을 하면서 선지식이라고 말하며 모든 중생들이 애욕의 구덩이에 떨어지게 하며 보리의 길을 잃게 할 것이다.

 아난아! 내가 비구들에게 음심을 끊고 도를 깨닫게 하겠노라. 왜냐하면 음욕을 벗어나 적정하게 되는 것이 가장 훌륭한 것이기 때문이니라. 만약 여래의 무상보리를 증득하는 올바른 수련법을 만나게 되면 근기의 크고 작음에 상관없이 모두 불과를 이룰 것이니라.

 너희들은 마땅히 알아야 한다. 한번 물이 든 습기는 만겁을 지나도 소멸시키기 힘드느니라. 수행자는 탐욕을 행하며 음탕하게 사느니 차라리 계를 지키면서 정결하게 죽는 것이 나으니라.

 네가 세상 사람들에게 삼마지를 닦게 하려면 먼저 마음의 음욕을 끊게 해야 할 것이다. 이것이 여래의 과거 모든 부처님께서 제일로 결정하신 깨끗하고 분명한 가르침이니라.

 그러므로 아난아, 만약 음욕을 끊지 않고 선정을 닦는 것을 비유하면 어떤 사람이 모래를 끓여서 밥을 짓는 것과 같아서 이는 백천겁을 지나더라도 다만 뜨거운 모래일 것이다. 왜냐하면 모래는 밥이 되는 근본이 아니기 때문이다.

 네가 음욕의 몸으로 부처님의 오묘한 과업을 구한

다면 비록 오묘한 깨달음을 얻었다 하더라도 이는 모두 음욕의 근본이다. 근본이 음욕으로 이루어 졌으므로 삼도를 윤회하며 전전해서 반드시 해탈할 수 없을 것인데 부처님의 열반을 어떻게 닦아 증득하겠느냐?

아난아! 반드시 음란한 바탕을 제어하여 몸과 마음에서 모두 끊어 버리고, 끊었다는 성품마저도 없어져야 부처님의 보리를 바라볼 수 있을 것이다.

만약 모든 비구가 먼저 탐욕을 버리고 애갈까지 제거하여 대상을 대할때 무심하고 여여해서 마음이 움직이지 않게 되면, 불타께서 이런 사람은 영원히 생사 윤회의 근본을 끊고 불법에 대해 신.해.수.증 할 수 있다고 인가할 것이다.

나와 같이 이렇게 말하면 부처님의 말이고, 이와 같지 않은 말은 곧 파순의 말이니라.

살생할 생각을 갖지 말라.

아난아! 또 모든 세계의 육도중생이 그 마음에 살생할 생각이 없으면 생사가 서로 계속되는 것을 따르지 않을 것이다.

네가 삼매를 닦는 것은 본래 번뇌에서 벗어나고자 함이거늘 살생할 생각을 제거하지 못하면 번뇌에서 벗어날 수 없을 것이다. 비록 지혜가 많아서 선정이 앞에 나타난다고 하더라도 만일 살생할 마음을 끊지 못하면 반드시 귀신의 세계에 떨어지리니 크게 잘 되어야 큰 힘을 가진 귀왕이 되고 중간쯤 되면 날아다니는 야차나 그 밖에 여러가지 귀신의 장수가 되고 하품이 되면 땅에 다니는 나찰이 되는데 저 귀신들도 역시 무리가 있어서 각각 스스로 최상의 도를 성취했다고 하느니라.

내가 멸도한 뒤 말법 가운데, 이러한 악신들이 세상에 많이 번성하여 스스로 말하기를 '고기를 먹어도 보리의 길을 얻는다.' 고 말할 것이다.

아난아! 내가 비구들에게 다섯가지 깨끗한 고기를 먹게 하였으니 이 고기는 모두 나의 신력으로 화생한 것이므로 본래 명근이 없는 것이니라. 이 시라벌은 무덥고 습기가 많은 데다가 사토까지 겹쳤으므로 풀이나 채소가 생장하지 못하기 때문에 내가 크게 자비로운 신력으로 만들어낸 것이니 대자비의 이름을 빌어 이를 고기라고 하여 너희들이 그것을 먹고 있지만, 여래가 멸도한 뒤에 중생의 살을 먹는 자를 어떻게 불자라 하겠느냐?

너희들은 마땅히 알아야 한다. 고기를 먹는 사람이 비록 마음이 열려서 삼마지를 얻은 듯 하더라도 이는 모두 대나찰에 불과하여 과보가 끝나면 반드시 생사의 고해에 빠지게 되어 부처님의 제자가 되지 못할 것이다. 이러한 사람은 서로 죽이고 서로 잡아 먹어서 서로 먹고 먹힘이 그치지 않을 것인데 이런 사람이 어떻게 삼계를 벗어날 수 있겠느냐?

 네가 세상 사람들에게 삼마지를 닦게 하려면 다음으로 살생하는 마음을 끊게 해야 할 것이다. 이것이 부처님과 과거의 불세존께서 두번째로 결정하신 청정하고 밝은 가르침이니라.

 그러므로 아난아! 살생하는 마음을 끊지 않고 선정을 닦는 것은 비유하면 어떤 사람이 스스로 자신의 귀를 막고 큰 소리를 지르면서 다른 사람이 듣지 않기를 바라는 것과 같다. 이러한 것을 가리켜 숨기고자 하나 더욱 드러나는 것이라고 하는 것이다.

 청정한 비구와 보살들이 길을 다닐 적에는 살아있는 풀도 밟지 않는데 하물며 그것을 손으로 뽑겠느냐? 어찌 대자비한 자가 중생의 피와 고기를 취하여 배부르게 먹을 수 있겠느냐?

동방의 비단이나 명주와 이땅의 가죽신이나 털옷과 우유나 그것으로 가공한 것 등을 먹거나 입지 아니하면 이러한 비구는 참다운 불자로서 묵은 빚을 갚았으므로 삼계에 다시 나지 않을 것이다. 왜냐하면 그 몸의 한 부분을 먹거나 입으면 그것들과 인연이 되기 때문이다. 이는 마치 사람이 땅에서 생산되는 온갖 곡식을 먹기 때문에 발이 땅에서 떨어지지 않는 것과 같느니라.

반드시 몸과 마음을 살펴 모든 중생들의 몸이나 몸의 어느 일부분을 몸과 마음으로 입거나 먹지 않으면 부처님께서 이러한 사람은 원한과 업망을 해탈한 자라고 인가할 것이다. 나와 같이 말하는 것은 부처님의 말이라고 할 것이고 이와 같지 않은 말은 곧 파순의 말이니라.

　　훔칠 생각을 갖지 말라.

 아난아! 또 다시 모든 세계의 육도중생들이 그 마음에 훔칠생각이 없으면 생사가 서로 연속되는 것을 따르지 않을 것이다.
 네가 삼매를 닦는 것은 본래 번뇌에서 벗어나고자 함이거늘 훔칠 마음을 없애지 못하면 번뇌에서 벗어나지 못할 것이다. 비록 지혜가 많아서 선정이 앞에 나타난다 하더라도 만일 훔칠 생각을 끊지 못하면 반드시 사도에 떨어지리니, 크게 잘 되어야 정령이 되고 중간쯤 되면 요괴가 되며 하품은 삿된 사람이 될 것이다. 사귀들도 역시 무리가 있어서 각각 스스로 최상의 도를 이루었다고 하느니라.

내가 멸도한 뒤 말법 가운데 이러한 요망한 사귀가 세상에 많이 번성하여 몰래 숨어서 간사하게 선지식이라고 속이면서 제각기 높은 사람의 법을 증득했다고 말하면서 무식한 자를 현혹하여 본 마음을 잃게 하고 가는 곳마다 그 집안을 망하게 할 것이다.

아난아! 내가 비구들에게 법대로 탁발하게 한 것은 그들에게 탐심을 버리고 보리도를 이루게 하려고 한 것이다. 모든 비구들은 스스로 밥을 지어 먹지도 않고 남은 생애를 붙어 살면서 삼계의 나그네가 되어 한 번 다녀가고서는 아주 가서 돌아오지 않는 것을 보여 주는 것이거늘 어찌하여 많은 도둑들이 나의 옷을 빌어입고 부처님을 팔아 갖가지 죄업을 지으면서 모두가 부처님 법이라고 말하고, 비장하게 출가하여 구족계를 받은 비구를 그르다고 하면서 소승의 도라고 비방하느냐? 그렇게 한없는 중생을 의혹되게 하였으므로 목숨이 다할 때는 무간 지옥에 떨어지게 될 것이다.

너희들은 마땅히 알아야 한다. 실 한오라기라도 모두 중한과보가 있는 것이니, 차라리 손을 끊을지언정 자기 재물이 아닌 것은 취하지 말아야 할 것이다. 항상 청렴한 마음을 지니고 선근을 키워야 하느니라.

네가 세상 사람들에게 삼마지를 닦게하려면 다시금 투도의 마음을 끊게 해야 할 것이다. 이것이 부처님과 과거 불세존께서 세번째로 결정하신 청정하고 밝은 가르침이니라.

그러므로 아난아! 만약 도둑질 할 마음을 끊지않고 선정을 닦는 것은, 비유하면 어떤 사람이 새는 잔에 물을 부으면서 물이 가득 차기를 바라는 것과 같으니 비록 수많은 겁이 지난다 하더라도 끝내 가득 채우지 못할 것이다.

 만약 모든 비구들이 입을 옷과 발우 외에는 자그마한 것도 쌓아두지 않고 탁발하되 남은 것은 굶주린 중생에게 나눠주고 큰 집회에서 대중에게 합장하고 예배하는데 사람들이 때리고 욕을 하더라도 오히려 칭찬처럼 여기며, 반드시 몸과 마음을 내려놓아 두 가지를 다 버려서 힘이 드는 모든 일을 도반들과 함께하며, 불법의 요지가 아닌 말을 가져다가 자기 마음대로 해석해서 초학을 그르치게 하는 일이 없으면 부처님께서 인정하시기를 이 사람은 참다운 삼매를 얻은 사람이라 할 것이다.

 나와 같이 이러한 말을 하는 것은 부처님의 말이라고 하고, 이렇게 말하지 않는 것은 파순의 말이니라.

거짓말 하지 말라.

아난아, 이러한 세계의 육도중생이 비록 몸과 마음에 음욕과 살생과 도둑질이 없어져서 세가지 행실이 이미 원만하게 되었더라도 만약 큰 거짓말을 하게 되면 곧 삼마지에서 청정할 수 없게 되어 애견의 마를 이루어 여래의 종자를 잃으리니 이른바 얻지도 못한 것을 얻었다고 하거나 증득하지도 못한 것을 증득하였다고 하는 것이다. 혹은 세간에서 제일가는 높고 수승함을 구했다며 앞의 사람에게 말하기를 '내가 지금 이미 수다원과, 사다함과, 아나함과, 아라한도, 벽지불승, 십지, 지전의 모든 보살 지위를 얻었다.'고 하며 그들의 예경과 참회를 구하고 그들의 공양을 탐하리라.

내가 멸도한 뒤에 모든 보살과 아라한에게 명하

기를 응하는 몸이 말법세계에 태어나서 갖가지 형상으로 윤회하는 모든 이를 제도하게 하되, 때론 승려, 백의거사, 왕, 정승, 간사한 도둑, 도살하는 사람이 되어서 그들과 같이 일을 하며 불승을 칭찬하여 그들의 몸과 마음이 삼마지에 들어가게 하되, 마침내 스스로 말하기를 '내가 진실한 보살이며 진실한 아라한이다.'라고 하며 부처님의 비밀한 법을 누설해가며 말학에게 경솔하게 말하지 못하게 하고, 오직 죽을때에 가만히 유언으로 부탁하게 할 것이다. 그렇게 하면 어떻게 그 사람이 중생을 현혹하고 혼란시키며 큰 거짓말을 하겠느냐?

　네가 세상사람들에게 삼마지를 닦게 하려면 또다시 큰 거짓말을 끊게 해야 할 것이다. 이것이 부처님과 과거 불세존께서 네번째로 결정하신 청정하고 밝은 가르침이니라.

그러므로 아난아, 만약 큰 거짓말을 끊지 못한 사람은 마치 사람이 똥을 깎아 전단향내 나는 형상을 만들려는 것과 같으니 향기를 구하고자 해도 그렇게 될 리가 없느니라.

 내가 비구를 가르치되 곧은 마음이 도량이라고 하며 행,주,좌,와 네가지 거동과 모든 행동 가운데 조금도 거짓됨이 없게 했거늘 어떻게 스스로 상인의 법을 받았다고 하겠느냐?

 비유하면 어떤 가난한 사람이 거짓으로 제왕이라고 자칭하다가 스스로 벌을 받는 것과 같은데 더구나 법왕이라며 어떻게 거짓으로 도둑질 하겠느냐? 원인의 바탕이 올바르지 못하면 결과가 얽히고 어긋남을 초래하니 부처님의 보리를 구하려고 하여도 배꼽을 깨물려는 사람과 같을 것인데 어떻게 보리를 성취할 수 있겠느냐?

만약 모든 비구가 마음이 활줄과 같이 곧으면 일체가 진실해져서 삼마지에 들어가게 되어 영원히 악마의 일이 없을 것이다. 나는 이 사람을 보살의 최상의 도를 성취했다고 인정할 것이다. 나와 같이 이러한 말은 부처님의 말이라고 하고 이와 같지 않은 말은 파순의 말이니라."

"아난아! 나중에 말법에 모든 비구, 비구니가 이 사계를 조금도 기탄없이 범하며, 오신채와 주육을 간곳마다 마음대로 먹을 것이니, 이러한 선심이 없는 아전가는 불종을 소멸시키기를 마치 사람이 칼로써 다라목을 자르는 것과 같을 것이니 그러한 사람은 영원히 선근이 소멸되어, 다시는 지견을 가질 수가 없어 삼고해에 빠져 삼매를 이루지 못할 것이다.

 만약 내가 멸도한 후에 어떤 비구, 비구니가 발심하여 삼마지를 닦기로 결정하였으면 여래의 형상

앞에서 지성으로 신,구,의의 업을 참회하고 오독을 다 태워 버리면 나는 그러한 사람을 무시로 부터 묵은 빚을 다 갚고 세간을 영원히 하직하여 모든 번뇌에서 벗어났다고 말할 것이다. 비록 무상의 각로는 밝히지 못하였더라도 그 사람은 법에 대하여 이미 마음을 결정하였기 때문이다. 만약 이 몸의 작은 인업도 버리지 못한다면 설사 무위를 이루었더라도 반드시 인간 세상으로 환생하여 그 묵은 빚을 갚음이 마치 나의 마맥과 다름이 없을 것이다.

  아난아! 너희들이 나의 좌우에 있으면서 항상 나를 보고 있더라도 만약 나의 계를 범하면 결코 도를 얻을 수 없지만 나의 좌우를 떠나 비록 나를 보지 못하더라도 나의 계를 지키면 반드시 과를 이룰 것이다.

  아난아! 알아야 한다. 참는 덕은 지계, 고행으로도

미칠 수 없는 것이다. 참을 수 있는 사람이라야 유력한 대인이라고 할 수 있느니라."

지켜야 할 청정한 계율

"아난아! 네가 마음을 다스리는 법을 물으므로 내가 지금 삼마지에 들어가 닦고 배우는 문을 먼저 말하였으니, 보살의 도를 구하려고 한다면 먼저 이 네가지 계율을 지키되 마치 얼음이나 서릿발처럼 깨끗이 하면 자연히 모든 곁가지와 잎사귀가 생길 수 없을 것이며 마음으로 짓는 세가지와 입으로 짓는 네가지가 마땅히 생길 원인이 없어질 것이다.

아난아! 네가지 일을 만약 잃어버리지 않는다면 마음에 색,성,향,미,촉,법도 반연하지 않을 것인데, 하물며 일체의 마구니의 일이 어떻게 발생하겠느냐?

 만약 숙세에 익혀온 습기를 제거하지 못하는 자가 있거든 너는 그 사람에게 일심으로 나의 불정광명 마하실달다반달라의 더할 나위 없이 신비한 주문을 외우게 하라. 그것은 부처님의 볼 수 없는 정수리에서 작위가 없는 마음인 부처가 정수리로 나오셔서 보배의 연꽃위에 앉아서 설하신 주문이니라.

 또 네가 숙세에 마등가와 여러겁을 지내온 인연 때문에 은애와 습기가 한생이나 한겁의 일이 아니건만 내가 한번 신비한 주문을 선양함에 사랑하는 마음이 완전히 없어져서 아라한이 되었으니, 마등가는 음란한 여자라서 수행할 마음이 없는데도 신비한 힘을 입어 저 배울것 없는 경지를 빨리 증득하였거늘, 하물며 너희들처럼 이 모임에 있는 성문들로서 최상승을 못 구하겠느냐? 분명 부처가 될 것이다. 비유하면 마치 먼지를 순풍에 날려 보내는 것과 같으니 무슨 어려움과 험난함이 있겠느냐?
 만약 말세의 어떤 사람이 도량에 앉으려면 먼저 비구의 계율을 깨끗하게 지켜야 하는데, 마땅히 계행이 제일가는 사문을 선택하여 스승으로 삼아야 한다. 만약 참으로 깨끗한 스님을 만나지 못하면, 단언컨데 너의 계율은 성취하지 못할 것이다."

— 중략 —

세계와 중생이 생긴 이유

 아난이 자리에서 일어나 부처님의 발에 정례하고 부처님께 아뢰었다.
"저희들은 우둔하여 많이 듣는 것만 좋아하고 모든 번뇌에서 벗어나기를 구하지 않았는데 부처님의 자비로운 가르침을 받고 올바르게 익히고 닦음을 얻어서 몸과 마음이 상쾌하여 크게 유익함을 얻었습니다.

세존이시여! 이렇게 부처님의 삼마지를 닦아 증득하더라도 열반에 이르기 전에 어떤것을 간혜지라고 하며, 마흔 네가지 마음에 어떤 순서를 밟아야 수행하는 명목을 얻으며, 어느 방향으로 나아가야 지(地) 가운데 들어간다고 할 수 있으며, 어떤 것을 등각보살 이라고 합니까?"

이렇게 말한 뒤에 온몸을 땅에 던지고 대중과 한마음으로 부처님의 자비로운 진리의 말씀을 기다리며 눈을 똑똑히 뜨고 우러러 보았다.

그때 세존께서 아난의 말을 찬탄하며 말씀하셨다.

"훌륭하고, 훌륭하다. 너희 대중들과 말세의 모든 중생들 가운데 삼마지를 닦아서 대승을 구하려는 자를 위하여 범부로부터 열반에 이를 때까지 가장 훌륭하고 올바르게 수행하는 길을 미리 보여주려고 하니, 이제부터 자세히 들어라. 너를 위해 말해 주리라."

아난과 대중이 합장하며 마음을 가다듬고 묵묵히 가르침을 받고자 하니 부처님께서 말씀하셨다.

"아난아! 마땅히 알아야 한다. 오묘한 성품은 원만하고 밝아서 모든 이름이나 모양으로부터 벗어난 것이므로, 본래는 세계와 중생이 있는 것이 아니니라.

거짓된 미망(迷妄)으로 인하여 생이 있고, 생으로 인하여 멸이 있는 것인데 그 생,멸을 거짓된 미망이라고 하고 미망이 없어짐을 참된 진(眞)이라고 한다. 그것이 부처님의 무상보리와 대열반의 두가지 전의호(轉依號)니라.

아난아! 네가 지금 참다운 삼마지를 닦아서 부처님의 대열반에 곧바로 들어가고자 한다면 마땅히 중생과 세계의 두가지가 뒤바껴 전도(顚倒)되는 원인을 먼저 알아야 한다. 뒤바껴 전도됨이 생기지 않으면 이는 곧 부처님의 참다운 삼마지니라.

 아난아! 무엇이 중생의 전도이더냐? 아난아, 자성의 밝은 마음이 무명(無明)의 훈습함으로 말미암아 자성을 지키지 못하고, 그 무명으로 인하여 망식이 생겨나고, 그 망식이 거짓되어 망견이 생기는데, 필경의 (일체) 무에서 구경의 (일체) 유를 이루었다.

 이 능유(能有)와 소유(所有)가 능인(能因)과 소인(所因)이 아니며, 능주(能住)와 소주(所住)의 상(相)은 분명 근본이 없는 것이니, 이 무주(無住)를 근본으로 하여 세계와 모든 중생이 건립되느니라.

 본래의 원만하고 밝음이 미혹으로 인하여 허망함이 생겼으니, 그 허망한 성품도 본체가 없어서 의지하는 데가 없느니라.

장차 참됨을 회복하고자 하여, 참다워 지려 하면 이미 진실한 진여(眞如)의 성품이 아니다. 참됨이 아닌것으로 회복하기를 구하면 필연코 그릇된 상을 이루어서 그릇된 생, 그릇된 머묾, 그릇된 법이 점차적으로 발생하여 생하는 힘이 발명되고, 그것이 훈습되어 업인이 이루어 지는 것이다. 따라서 같은 업인이 서로 감응하여 그로 인해 또 감응하는 업인이 있게되어 서로 생하고 서로 멸하는 것인데 그로 말미암아 중생전도가 있느니라.

 아난아, 어떤것을 세계전도라고 하느냐?

 능유와 소유로 분단이 생겨 그로인해 세계가 성립되는 것이지 능인과 소인이 있는 것이 아니니라. 능주와 소주가 없어서, 옮겨 흘러 머물지 않으므로 그로 인해 세계가 성립되는 것이다. 그리하여 삼세, 사방이 화합하여 서로 어울려서 변화하는 열두가지 종류의 중생이 이루어 지느니라.

 그러므로 세계가 움직이는 것으로 인하여 소리가 있고, 그 소리로 인하여 색질이 존재하며, 그 색질로 인하여 향기가 있고, 그 향기로 인하여 접촉이 있으며, 그 접촉으로 인하여 맛이 있고, 그 맛으로 인하여 법을 아는데, 여섯가지 어지러운 망상이 업의 성품을 이루므로 열두가지의 구분이 그로 말미암아 윤전하는 것이다. 그러므로 세상의 색,성,향,미,촉,법이 열두번 변화함을 다하여 한 바퀴를 돌게 되느니라.

 이렇게 윤전하는 전도된 형상에서 벗어나지 못하므로 이 세계의 난생, 태생, 습생, 화생과 유색, 무색, 유상, 무상, 비유색, 비무색, 비유상, 비무상 같은 것이 있게 되느니라."

— 중 략 —

점진적으로 닦아가는 세가지 법

"아난아! 이러한 중생 하나하나의 종류 가운데 각각 열두가지 전도를 갖춘 것이 마치 눈을 비비면 허공에 어지러이 허공꽃이 생기는 것과 같아서 묘원하고 참되고 밝은 마음을 전도시켜서 이와같이 허망한 어지러운 생각을 이루는 것이다.

네가 지금 부처님의 삼마지를 닦아 증득하려면 그 근본 원인이 되는 원래의 어지러운 생각에 세가지 점진적 순서를 세워 놓아야 비로소 제거하여 없앨 수 있으리니 이는 마치 깨끗한 그릇에 있는 독한 술을 제거하고 끓인 물에 재와 향을 섞어 그 그릇을 씻어낸 다음에야 감로를 담을 수 있는 것과 같으니라.

무엇을 세가지 점진적인 순서라고 하는가?

첫째는 닦고 익힘이니 그 도와주는 원인, 조인(助

因)을 제거하는 것이고, 둘째는 참된 수행이니 그 정성(正性)을 밝혀내는 것이고, 셋째는 더욱 정진하는 것이니 현재의 업을 어기는 것이다. 어떤 것을 조인이라고 하느냐 하면, 아난아! 이 세계의 열두가지 종류의 중생이 스스로 온전할 수가 없어서 네가지 식사 방법에 의하여 살아 가는데, 이른바 씹어 먹고, 접촉으로 먹고, 생각으로 먹고, 의식으로 먹는 것이다. 그러므로 부처님께서 모든 중생들은 먹는 것을 의지하여 살아간다고 하신것이다.

아난아! 일체 중생은 단것을 먹기 때문에 살고 독한 것을 먹으면 죽는데, 이 모든 중생들이 삼마지를 구하고자 한다면 마땅히 세상의 다섯가지 냄새나는 채소를 끊어야 하느니라.

다섯가지 매운 채소는 익혀 먹으면 음란한 마음을 발생시키고 날 것으로 먹으면 성내는 마음이 더해

지는데 그러므로 이 세계에서 매운 채소를 먹는 사람은 비록 십이부 경전을 설법한다고 하더라도 시방의 하늘이나 신선들이 그 냄새를 싫어하여 모두가 멀리 떠날 것이고, 모든 아귀들은 그가 밥 먹을 적에 그 입술을 핥으므로 항상 귀신과 함께 있게 되어 복덕이 시간이 갈수록 사라져서 이익이 없을 것이다.

또 매운 채소를 먹는 사람은 삼마지를 닦더라도 보살, 하늘, 신선과 시방의 선신들이 와서 수호하지 않으므로 대력마왕이 그 틈을 타서 부처님의 몸으로 가장하고 나타나 설법을 하되, 금하는 계율을 비방하고 음행, 성냄, 어리석음을 찬양하리니 죽어서는 마왕의 권속이 되었다가 마구니의 복을 다 받게 되면 지옥에 떨어질 것이다.

아난아! 보리를 닦는 자는 다섯가지 매운 채소를

영원히 끊어야 하는데, 이것이 수행을 증진해 나가는 제일의 점차라고 하느니라.

 어떤 것을 정성(正性)이라고 하느냐 하면, 아난아! 이 중생들이 삼마지에 들어가려면 먼저 청정한 계율을 엄하게 지켜서 음심을 영원히 끊고 술과 고기를 먹지 않으며 불로써 음식을 깨끗이 하여 날것의 기운을 먹지 말아야 한다.

 아난아! 수행하는 사람이 음심과 살생하는 마음을 끊지 않고서는 삼계에서 벗어나는 이치가 없으니, 마땅히 음욕을 독사보다 더 무섭게 여기고 원수와 도적을 보듯 해야 할 것이다.

 먼저 성문의 네가지 또는 여덟가지 내침을 당하는 계율을 잘 지켜서 몸을 가다듬어 흔들리지 말고, 그런 다음에 보살의 청정한 율의를 행하여 마음을 가다듬어 일어나지 않게 해야 하느니라.

음욕과 진노를 완전히 끊어서 금하는 계를 성취시키면 곧 세상에서 서로 낳고 서로 죽이는 업이 영원히 없어질 것이고 훔치는 것과 겁탈을 행하지 않아 서로 빚을 지게한 번뇌가 없으면 역시 세상에서 갚아야 할 묵은 빚도 없어지리라.

 이렇게 청정한 사람이 삼마지를 닦으면 부모가 낳아준 육신에 굳이 천안이 아니라 하더라도 자연히 시방세계를 볼 수 있게되어 부처님을 뵙고 법문을 들어서 직접 성인의 뜻을 받들어 큰 신통을 얻을 것이며 시방세계에 다니면서 숙명이 맑아져 어렵고 험함이 없을 것이다. 이것이 증진 수행하는 제이의 점차라고 하느니라.

 어떤것을 현재의 업장이라고 하는가 하면, 아난아! 이렇게 청정하게 금계를 지키는 사람이 마음에 탐욕과 음욕이 없어지면 밖의 여섯가지 대상인 육진에는 대부분 흘러서 빠지지 않게 되는데, 흘러 빠지지 않음으로 인하여 근원의 성품으로 돌아가게 되느니라.

　육진이 반연하지 않으면 감각기관인 육근은 짝할 것이 없어지고, 흘러감을 돌이켜 전일하게 되면 여섯가지 작용이 행해지지 않게 되어 시방의 국토가 밝고 깨끗함이 마치 유리속에 보월을 담은 듯하여, 몸과 마음이 상쾌해지고 묘하게 원만하고 평등해지면서 크게 안온함을 얻게 될 것이고, 일체 부처님의 비밀스런 원만함과 깨끗한 묘함이 모두 그 속에 나타나서 이 사람은 즉시 무생법인(無生法忍)을 얻을 것이다.

　이로부터 점수하여 가는 곳마다 행을 일으켜 성인의 위치에 편안히 서게 될 것이다. 이것을 제삼의 증진 수행하는 점차라고 하느니라.

아난아! 너희들은 알아야 한다. 일체의 중생이 여래의 혜명 각성은 다 함께 갖고 있으니 선남자 선여인이 대승을 닦는 자는 삼마지에 대해 경안(輕安)하게 관조하여 마음을 항복받고 기(機)를 기다려서 화,합,응,집(和,合,凝,集)이 되어야 비로소 불도를 이루느니라.

 아난아! 선남자가 욕애가 말라버려서 근과 대상이 짝하지 않으면 앞에 나타나는 남은 바탕이 다시는 계속하여 생기지 않을 것이고, 집착하는 마음이 비고 밝아져서 순수한 마음만 남게 될 것이며, 지혜로운 성품이 밝고 원만해져서 시방세계가 환하게 되어 마른 지혜만 있는 것을 간혜지(乾慧地)라 하느니라.

 욕심의 습기가 처음으로 말라서 아직 여래의 법류수와 접하지 않으므로, 제불(諸佛)이 비로소 인지(因地)에 응할 수 있는 시절을 정하여, 보주(寶珠)를 보호하면서 항상 이렇게 미묘법을 굴리셨으니, 너는 마땅히 그러한 것을 받들어 지니면서 여래의 '수련하는 바른 길'을 밟기 위하여 더디지도 않고 급하지도 않게 경행(經行)을 체찰(諦察)해야 하느니라.

 아난아! 이 선남자가 중(中)으로 중(中)으로 흘러 들어가면 묘한 원만함이 열릴 것이니, 참된 묘원함으로 부터 거듭 참된 묘함을 발생하여 묘한 믿음이 상주해서 일체의 망상이 남김없이 사라져 중도(中道)가 순진하게 되는 것을 신심주 (信心住)라고 하느니라.

 참된 믿음이 밝고 뚜렷해서 일체가 원만하게 통하고 오음과 십이처와 십팔계, 이 세가지가 장애되지 못하며, 과거부터 미래에 이르기까지 무수한 겁 중에서 몸을 버리고 몸을 받던 모든 습기가 모두 앞에 나타나게 되면 이 선남자가 그것을 다 기억해 생각하고 잊어버림이 없는 것을 염심주(念心住)라고 하느니라.

묘한 원만함이 순진하고 참다운 정기의 조화를 드러내어 시작없는 과거로 부터의 습기가 통일되어 정밀하고 밝아지면 오직 그 정밀하고 밝음으로써 참되고 깨끗한 데에 나아가는 것을 정진심(精進心)이라고 하느니라.

마음의 정기가 앞에 나타나 순수하고 온전한 지혜가 되는것을 혜심주(慧心住)라고 하느니라.

지혜의 밝음을 잡아 가져서 두루두루 맑고 고요하게 하여 그 적적한 묘함이 항상 섞여 있는 것을 정심주(定心住)라고 하느니라.

선정의 빛이 밝음을 드러내어 밝은 성품에 깊이 사무쳐 오직 나아가기만 하고 물러나지 아니함을 불퇴심(不退心)이라고 하느니라.

마음으로 정진함이 편안하고 자연스러워 이를 보호하며 지키고 잃지 않아서 시방 부처님의 기분과 서로 접촉함을 호법심(護法心)이라고 하느니라.

 밝은 깨달음을 보호하고 지켜서 능히 묘한 힘으로 부처님의 자비광명을 돌이켜 부처님을 향해 편하게 머무름이 마치 두개의 거울이 빛을 서로 마주하는 것과 같아서 그 가운데 묘한 그림자가 거듭거듭 서로 들어가는 것을 회향심(回向心)이라고 하느니라.

 마음의 빛을 비밀스럽게 돌려 부처님의 상응한 위없는 묘한 깨끗함을 얻어 무위에 안주하여 잃음이 없는 것을 계심주(戒心住)라고 하느니라.

 계에 머무름이 자재하여 시방에 두루하면서도 가는 곳마다 원하는데로 되는것을 원심주(願心住)라고 하느니라.

 아난아! 이 선남자가 진실한 방편으로 열가지 마

음을 드러내어 마음의 정기가 빛을 발하여 열가지 작용을 거치며 원만하게 하나의 마음을 이루는 것을 발심주(發心住)라고 하느니라.

마음속에서 밝음을 드러냄이 마치 맑은 유리속에 정밀한 금을 달아놓은 듯하게 되면, 앞의 묘한 마음으로 이를 밟아 지반을 이루는 것을 치지주(治地住)라고 하느니라.

심지(心地)에 들어감과 아는 것을 모두 밝게 증득하여 시방에 두루하면서도 머물거나 장애가 없게 된것을 수행주(修行住)라고 하느니라.

행이 부처님과 같아서 부처님의 기분을 받음이 마치 중음신이 스스로 부모를 구할 적에 음계의 소식이 그윽히 통하는 듯해서 여래의 종성(種性)으로 들어감을 생귀주(生貴住)라고 하느니라.

이미 도태(道胎)에 들어서 친히 부처님의 아들을

봉양함이 마치 세상의 부녀자가 이미 아이를 배어서 사람의 모양을 갖춘 것이 결함이 없는 것과 같은 것을 방편구족주(方便具足住)라고 하느니라.

용모가 부처님과 같으며 마음의 형상도 그와 같은 것을 정심주(正心住)라고 하느니라.

몸과 마음이 합해져서 나날이 증장하는 것을 불퇴주(不退住)라고 하느니라.

십신(十身)의 신령한 모양이 일시에 구족한 것을 동진주(童眞住)라고 하느니라.

형상을 이루고 태에서 나와서 친히 불자가 되는 것을 법왕자주(法王子住)라고 하느니라.

성인임을 표시함이 마치 국왕이 모든 나랏일을 태자에게 나누어 맡기며, 찰리왕이 세자가 장성하면 관정식을 진행하는 것과 같은 것을 관정주(灌頂住)라고 하느니라.

아난아! 이 선남자가 부처님의 아들이 되고 나서 부처님의 무량한 묘덕을 갖추고 시방에 수순하는 것을 환희행(歡喜行)이라 하느니라.

능히 일체 중생을 이익되게 하는 것을 요익행(饒益行)이라 하느니라.

자신도 깨닫고 남도 깨닫게 하여, 어긋남 없음을 얻게 되는 것을 무진한행(無瞋恨行)이라 하느니라.

갖가지 중생들을 따라서 출생해 미래제가 다하도록 삼세에 평등하며 시방에 통달함을 무진행(無盡行)이라 하느니라.

일체를 화합하여 동등해져서 갖가지 법문에 오차가 없게 되는 것을 이치난행(離痴亂行)이라 하느니라.

곧 같아진 가운데 여러가지 다름이 나타나며, 하나하나 다른 상에서 각각 같음이 보이는 것을 선현행(善現行)이라 하느니라.

이렇게 시방의 허공에 이르기까지 작은 먼지까지도 만족하며, 하나하나의 티끌속에 시방세계가 나타나서, 티끌을 나타내고 경계를 나타내어도 서로 머물거나 걸림이 없는 것을 무착행(無着行)이라 하느니라.

가지가지로 앞에 나타나는 것이 모두 제일의 바라밀다인것을 존중행(尊重行)이라 하느니라.

이와같이 원융해서 능히 시방 모든 부처님의 궤칙(軌則)을 성취한 것을 선법행(善法行)이라 하느니라.

하나하나 청정한 무루(無漏)이다. 하나의 진정한 무위로써 성품이 본래 그대로인 것을 진실행(眞實行)이라 하느니라.

아난아! 저 선남자가 신통이 만족하여, 부처님의 일을 이루고 나서 순결하게 정진하여 남아있던 모든 시름이 멀어지거든, 반드시 중생을 제도하되 제도한다는 상(相)을 없애고 작위가 없는 마음으로 돌아가서 열반의 길로 향하는 것을 구호일체중생(救護一切衆生) 이중생상회향(離衆生相回向)이라 하느니라.

무너뜨릴 것을 무너뜨리고, 여의어야 할 것은 여의는 것을 불괴회향(不壞回向)이라 하느니라.

본각(本覺)이 맑아져서 그 각(覺)이 불각(不覺)과 같은 것을 등일체불회향(等一切佛回向)이라 하느니라.

정밀한 참됨이 밝게 드러나 지위가 부처님 지위와 같아짐을 지일체처회향(至一切處回向)이라 하느니라.

세계와 여래가 서로 들어가되 걸림이 없는 것을 무진공덕장회향(無盡功德藏回向)이라 하느니라.

불지(佛地)와 같은데서 그 지위 가운데 각각 청정한 원인이 생기고 그 원인에 의해 빛을 드러내어 열반의 도를 취하는 것을 수순평등선근회향(隨順平等善根回向)이라 하느니라.

 참된 선근이 이미 이루어지면 시방의 중생들이 모두 나의 본성이므로 그 성품이 원만하게 이루어져서 중생을 잃지 않는 것을 수순등관일체중생회향(隨順等觀一切衆生回向)이라 하느니라.

 일체법(一切法)에 나아가며 일체상(一切相)을 벗어나는데, 나아가고 벗어나는데 집착함이 없는 것을 진여상회향(眞如相回向)이라 하느니라.

 참되게 여여한 바를 얻어서 시방에 걸림이 없는 것을 무박해탈회향(無縛解脫回向)이라 하느니라.

 성품의 덕이 원만하게 이루어져 법계의 양(量)이 없어진 것을 법계무량회향(法界無量回向)이라 하느니라.

 아난아! 이 선남자가 청정한 마흔한 가지 마음을

다하고 난 다음에 묘원(妙圓)한 가행(加行)을 이루느니라.

  부처님의 깨달음으로 나의 마음을 삼아 나갈듯 하면서도 나아가지 못하는 것이 마치 불을 피울때 나무를 태우는 것과 같은 것을 난온지(煖溫地)라고 하느니라.

  또 자기의 마음으로 부처님께서 밟아오신 바를 이루어서, 의지한 듯 하면서도 의지하지 않음이 마치 높은 산을 오를 때 몸은 허공에 들어갔으나 아래는 약간 걸림이 있는 것과 같음을 정상지(頂上地)라고 하느니라.

  마음과 부처 두가지가 같아서 중도를 증득한 것이 마치 일을 잘 참는 사람이, 마음에 품고 있지도 않고 내보내지도 않는 것처럼하는 것을 인내지(忍耐地)라고 하느니라.

헤아림이 줄어들어 미(迷), 각(覺), 중도(中道)에 둘 다 지목할 수 없음을 세제일지(世第一地)라고 하느니라.

아난아! 그 선남자가 대보리(大菩提)에 대해 잘 통달하여 그 각이 여래와 통하여 부처님의 경계를 다한 것을 환희지(歡喜地)라고 하느니라.

다른 성품이 같은 데로 들어가고 같은 성품도 없어진 것을 이구지(離垢地)라고 하느니라.

맑음이 지극하여 밝음이 생기는 것을 발광지(發光地)라고 하느니라.

밝음이 극진하여 깨달음이 원만함을 염혜지(焰慧地)라고 하느니라.

일체의 같고 다름으로는 이르지 못하는 것을 난승지(難勝地)라고 하느니라.

무위진여(無爲眞如)가 되어서 성품이 맑아지고 밝

게 드러나는 것을 현전지(現前地)라고 하느니라.

 진여의 끝까지를 다한 것을 원행지(遠行地)라고 하느니라.

 한 진여의 마음을 부동지(不動地)라고 하느니라.

 진여의 작용을 발하는 것을 선혜지(善慧地)라고 하느니라.

 아난아! 이 모든 보살들이 지금, 이전에 닦고 익힌 공(功)을 마치고서 그 공덕(功德)이 원만하여 졌으므로 그 지(地)를 수습위(修習位)라고 하느니라.

 자비의 그늘과 오묘한 구름이 열반의 바다를 덮은 것을 법운지(法雲地)라고 하느니라.

 부처님이 역류하거든 이 보살은 순행으로 이르러서 깨달음의 경지에 들어가 어울리는 것을 등각(等覺)이라 하느니라.

 아난아! 간혜심으로부터 등각에 이르러야만 그 깨

달음이 비로소 금강심 가운데 첫 간혜지를 얻게 되느니라.

이렇게 거듭거듭 홑으로 겹으로 해야만 바야흐로 묘각(妙覺)을 다하여 무상도(無上道)를 이루느니라.

이 여러가지 지(地)에 모두 금강(金剛)으로 환(幻)과 같은 열가지 깊은 비유를 관찰하여 사마타 가운데 비바사나로써 청정하게 수증하여 점차 깊이 들어가느니라.

아난아! 이것은 모두 세가지 증진법으로 수행하였으므로 쉰 다섯 지위의 참된 보리의 길을 훌륭하게 성취할 수 있는 것이니, 이렇게 관찰하는 것을 올바른 관찰이라 하고 이와 다르게 관찰하는 것을 삿된 관찰이라고 하느니라."

이 경의 이름

그때 문수사리법왕자보살이 자리에서 일어나 부처님의 발에 정례하고 부처님께 아뢰었다.

"이 경전의 이름을 무엇이라 해야 하며 저와 중생들이 그것을 어떻게 받들어 지녀야 하겠습니까?"

부처님께서 문수사리에게 말씀하셨다.

"이 경전의 이름은 '대불정실달다반달라무상보인시방여래청정해안'이라고 하며, 또 다른 이름은 '친척과 그와 인연 있는 사람을 구호하여 아난과 이 모임 가운데 있는 성비구니를 제도하여 변지해에 들게 하는 것'이며, 또 다른 이름은 '여래밀인수증요의'라고도 하며, 또 다른 이름은 '대방광묘련화왕시방불모다라니주'라고도 하며, 또 다른 이름은 '관정장구제보살만행수능엄'이라고 하니 너는 마땅히 받들어 지녀야 한다."

그때 부처님께서 이렇게 경전의 이름을 말씀하시니 그 즉시 아난과 대중들이 부처님의 밀인(密印)인 반달라의 뜻을 받들고 더불어 이 경의 요의(了義)인 이름을 듣고 선나(禪羅)로 성위(聖位)를 닦아가는데 차츰 더해가야할 묘한 이치를 돈오(頓悟)하여 마음이 허응(虛應)되어서 삼계에서 마음을 닦는 여섯 단계의 미세한 번뇌를 끊게 되었다.

<능엄경>

어머님이 아빠랑사는
一心同体

맺음말

412

인류는 역사의 여러 시기마다
다양한 발전의 단계를 거쳤고
그 시기마다
선악의 기준도 큰차이가 있었습니다.

413

사회가 조금씩 진보하는 과정에서
인류는 끊임없이 새로운 길을 열었고
그와 함께
도덕기준도 부단히 변하였습니다.

414

인류의 역사 발전 과정에서
수행자에게 선악시비의 기준은 무엇일까요?
생각과 말과 행동을 포함하는
모든 행위가

415

개개인의 삶에
유리한지 아닌지
인류의 본질적 진보에
유리한지 아닌지를 표준으로 삼습니다.

416

인간은 사회성과 대중성을 갖고 있기 때문에
단지 개인에게 유리한 것으로
선과 악을 판단하여
원칙을 적용할 수는 없습니다.

417

전면적이면서도 구체적으로 분석하여
전체적인 입장에서 고려해야 합니다.
개인의 이익때문에 공동체와 인류의 진보에
손해가 생긴다면 그것은 악이 됩니다.

418
이때 악행을 제거하는 것이
그 개인의 삶에는 불리하지만
공동체와 인류의 진보에는
유리하기 때문에 선이 됩니다.

419
인류 역사의 발전과정 중에서
개인과 사회는
서로 서로의 관계속에서
변화와 안정을 반복합니다.

420
거듭되는 변화와 안정의 반복속에서
화쟁(和諍)의 목표는
인류 사회의 발전과
인간 의식의 진화입니다.

421
사회는
여러가지 요인으로
더욱 거대해진
공동체를 형성해 가고 있고

422

개인은

앞으로도 계속될 거대한 변화속에서

안정을 얻기 위한

의식의 진화, 대아 건립을 요구받고 있습니다.

423

육조 혜능 스님의 말씀입니다.

"자기의 법성에 공덕이 있나니

견성(見性)이 곧 공(功)이요

평등하고 곧음이 곧 덕(德)이니라.

424

안으로 불성을 보고

밖으로 공경할지니

만약 사람들을 경멸하고

아상을 끊지 못하면

425

곧

스스로 공덕이 없고

자성이 허망하여

법신에 공덕이 없느니라.

426
생각마다 덕을 행하고
마음이 평등하여 곧으면
공덕이
곧 가볍지 않느니라.

427
그러므로
항상 남을 공경하고
스스로 몸을 닦는 것이 곧 공이요
스스로 마음을 닦는 것이 곧 덕이니라." <육조단경>

428

공동체 사회에서
개인의 생활이나 개개인의 업무에
도덕성이 작용한다면
개인과 공동체의 모습에도 변화가 생깁니다.

429

도덕성 있는 실천은
국법준수와 사회도덕을 지키는 것 뿐만 아니라
화해, 환창, 자연, 단장의
모습으로 드러납니다.

430
실천속의 도덕성이
화해, 환창, 자연, 단장의 모습으로 드러나며
화해, 환창, 자연, 단장은 일상생활중
원만지혜를 증명하는 잣대가 되기도 합니다.

1 화해和諧: 조화로움

431
화해는 전체적인 질서를 가리키며
건강한 개인과 공동체에서 나타나는 현상입니다.
개인과 공동체는 특정한 질서에 따라 움직이고
화해는 그 삶에 아름답고 행복하게 실현됩니다.

432
화해는 환창 자연 단장의
중요한 전제입니다.
화해에는 인간과 대자연의 조화
인간과 사회의 조화가 포함됩니다.

433
인간과 대자연의 화해는
대자연과 사람이 하나의 통일체로써
인류발전에 유리한 규율에 따라
움직이고 있음을 의미합니다.

434

사람과 대자연이 하나이고

인간은 대자연의 일부분입니다.

더나아가 대자연은 인간의 무기인 신체이고

인간은 대자연의 의식 활동입니다.

435

인류가 출현하면서

자연은 인간이 필요로 하는 대상이 되었습니다.

인간의 의도에 따라

끊임없이 자연을 개조해 왔기 때문입니다.

436
사람과 자연이 하나라는 규율을
이해하고 통찰하지 못했기 때문에
자연과 대립하여 파괴하고
인류자신을 위험하게 만들었습니다.

437
과학과 수행의식의 발전에 따라
사람과 대자연의 비밀이 조금씩 드러나면서
둘 사이의 물질, 에너지, 정보의 교환법칙과
교환통로 등을 조금씩 파악하게 되었습니다.

438

이렇게 인류발전에 유리한

인천화해의 전체성(全體性)을 수립하게됩니다.

인류본질의 발전 규율에 따라

인화(人化)된 자연의 수립입니다.

439

사회는

인간과 대자연이

서로 작용하는 과정에서 형성되는

인류의 공동체나 조직시설을 말합니다.

440
사회는
인류의 생활을 보장하고
인간과 대자연의 관계를
연결하도록 합니다.

441
왜냐하면 인간관계의 실질적 모습이
인간과 대자연의 관계이고
그 관계는 사회를 매개로 하여
완성되기 때문입니다.

442
다시 말해
인간은
자연에 적응하며 살아가기 위해
사회를 구성하였습니다.

443
인류발전에 도움이 되는
인간과 대자연의 화해를 만들려면
반드시
인간과 사회의 조화가 선행되어야 합니다.

444

여기에는

인간과 공동체의 조화

인간과 사물의 조화를

포함합니다.

445

인류공동체는

인류 본질을 실현하기 위한 전제인데

수 많은 역사적 변천이 있었고

인류에게는 오랜 야만의 시대도 있었습니다.

446
문명의 진보에 따라
사람과 공동체와의 조화가
인류의 진보를 보장한다는 것을
조금씩 인식하게 되었습니다.

447
공동체와 사람의 조화는
사상의 조화, 행동의 조화
사람과의 조화, 조직과의 조화로
나누어 볼수 있습니다.

448

조화로운 사회 공동체는
전체와 부분, 자각과 규율,
평등과 권위 (통일된 사상과 규칙)가
통일됩니다.

449

이 모든것이 인류 본질의 실현에
유리한 원칙에서 통일됩니다.
자신의 이익과 타인의 이익을 융화한다는 개념은
바로 이 근본 원칙의 구체적 실현입니다.

450

'융화의 원칙으로 수립된 화목한 가족 관계'는
'어버이는 자애롭고 자식은 효도한다.
형은 우애롭고 아우는 공경한다.
부부는 서로 귀한 손님 대하듯 존경한다.' 등의

451

옛사람이 말한
윤리와 비교하면
내용은 비슷하지만
그 배경인 의식 세계는 더욱 원만합니다.

452
'서로 선의로 도와주는 사회관계, 책임감, 영예'는
옛사람이 말한
'충신, 인의, 성경'등의 정의로운 풍모에 비해
더욱 자각적인 세계에 진입한 것입니다.

453
인류는 진화과정에서
끊임없이 자연자원을 이용하였고
사회와 생활영역에
자연자원을 진입시켰습니다.

454
과학이 고도로 발달된 현대에는
자연자원이 사회시설을 이루는데 이용되어
인간, 사회, 자연이
더욱 긴밀하게 연결되어 있습니다.

455
그래서 인류가
생명의 특성을
깊이 이해할수록
더욱 조화로운 환경을 만들어 갈 것입니다.

456
조화를 이루는 것이
생각만큼 어렵지 않습니다.
조화로움을 수양하는 목적은
양호한 질서 수립에 있으며

457
조화는
자각적으로 대중을 사랑하는
주인의식과 책임의식에서
이루어집니다.

458
대중의 규율에 따라
모범적으로 행동하며
개인의 성격과 집단 이기심을
극복함으로써 조화가 수립됩니다.

   2. 환창歡暢: 밝고 유쾌함

459
환창은
생기가 충만함을 표현한
조화로움의 결과로써
기분좋고 유쾌한 상태입니다.

460

심성이

청명하다는 증거이자

왕성한 생명력의

표현입니다.

461

공동체를 대상으로 볼때

만족스럽고 활기찬 기분으로

우애로 단결하고 도와주며

열정적으로 책임지고 근면 성실한 모습입니다.

462

이것은 공동체의 건강한 표현이며

개인의 편안한 정서와

개인의 공동체적 의지가 있기 때문에

가능한 결과물입니다.

463

또한 자비의 결과물입니다.

자(慈)는 자신의 에너지를 만들고

비(悲)는 상대방의 완선을 희망합니다.

이런 의미에서 박애는 환창의 기초입니다.

464

환창도 어렵지 않습니다.
공동체에 속한 개인들이 상호간에
공경하고, 사랑하고, 배우고, 도우며, 양보하고
용서하고, 위로하고, 격려함으로써 가능합니다.

465

자신이 원치않는 것을
상대방에게도 적용하지 말아야 합니다.
'선의를 베풀고 그것을 기쁨으로 여긴다.'는
원칙을 자신부터 충실히 지킨다면

466
이러한 공동체는
반드시
생기 넘치는
환창의 모습을 보이게 됩니다.

3. 자연自然: 자연스러움

467
자연은 존재자체의 진실한 표현입니다.
여기에서의 자연은 자연스러움을 말합니다.
사람의 삶이 타인과 공동체에 이익이 되는
친화의 규율을 말합니다.

468
이런 규율이 있는 이유는
자연스러움이
화해와 환창의 조건을
만족시켜주기 때문입니다.

469
개인의 측면에서 자연은 방종이 아니라
수양을 통해 도달하는 일종의 경계로써
일처리, 언어, 행동등이 자연스러운 것입니다.
인간관계의 화해를 가능케하는 요소입니다.

470

인간과 대자연의 화해

인간과 사화와의 화해라는 관점에서 볼때

융화하여 하나되는 과정에서

인류발전에 유리한 자연스러움을 갖춰야 합니다.

4. 단장端莊: 단정하고 장엄함

471

단장은

공평하고 정직하고

엄숙하고 대범함을

말합니다.

472

도덕이 온순하고 두터워서

자연스럽게 드러나는 모습이고

수양의 결과이며

일종의 특수한 아름다움입니다.

473

수양의 실천적 측면에서 이뤄지며

충실 온후 관용 은혜로 사람을 대하고

생각이 담백하고

말이 마음과 일치하여 믿음이 있으며

474

행위가 광명정대하고

이중적이지 않으면

단장은 자연스럽게 드러나고

도덕은 날로 높아집니다.

475

정리하자면

원만지혜는 일상생활중에 도덕성으로

우리의 삶을 화해, 환창, 자연, 단장하게 만듭니다.

이것이 공덕입니다.

476

개는 어떤 사람입니까?

모든 사람들이 평등을 이야기하고

모든 사람들이 평등한 세상을 이야기합니다.

모두가 바라지만 평등해지진 않았습니다.

477

그러나 우리 역사가운데 평등을 만든 예가 있습니다.

세종대왕의 훈민정음 창제

2016년 대국민 촛불집회

평등한 세상을 향한 우리의 진실한 발자국입니다.

478

진정한 평등을 위해서는

개인의 의식진화만으로는 부족합니다.

사회의 진보가 바탕되지 않으면

군신, 주종이 숨어있는 가짜 평등이 됩니다.

479

사회의 변화가 이루어지려면

위로부터의 개인적인 의식진화가 필요합니다.

모든 이를 진정으로 사랑하는 마음에서 나온

훈민정음처럼 자신의 권능을 나누는 것입니다.

480

개인의 의식 진화

사회의 변화 발전

개인과 사회는 원래 서로 나눌 수 없는 하나인데

수많은 가로줄 세로줄 때문에 둘이 되었습니다.

481

지금 만들어진 세상에서

인류의 원만발전을 위해서는

개인의 의식진화, 사회의 진보발전이

계속 안정과 변화를 거듭하며 화쟁해야합니다.

482

마침내 사회와 대자연이 융화하여 하나가 된다면
개는 어떤 사람입니까? 라는
질문에 모순이 없을 것입니다.
원래의 자리로 돌아간 것입니다.

483

인류사회의 발전은
인간의식의 진화에서 기반하며
인간의식의 진화는
개개인의 원만지혜를 바탕으로 합니다.

484

그러므로 일상생활중 원만지혜는

인류사회 발전의 초석이며

우리 삶을

진리로 이끌어 주는 원동력이기도 합니다.

485

일상생활중 원만지혜가

우리 삶을 평등해서 당당하게 만들고

우리 삶을 곧아서 올바르게 만듭니다.

삶이 진리가 되는 것입니다.

486
일상중에 수행할 때 소리의 성품은 동정이 있어서
듣는 중에 있기도 하고 없기도 하지만
소리가 없으면 들음이 없는 것이지
진실로 듣는 성품이 없는 것은 아닙니다.

487
소리가 없더라도 없어진 것이 아니고
소리가 있어도 생긴것이 아닙니다.
생과 멸을 모두 여의었으니
이것이 곧 항상하고 진실한 것입니다. <능엄경>

488

관음 14 무외법에 나오는 수행법은

듣는 자성을 반조하는 토대위에서

상대와 서로 인사하며

자비와 지혜를 함께 닦을 수 있는 수행법입니다.

489

첫번째부터 열한번째까지의 인사는

번뇌의 소멸에 중점을 둡니다.

듣는 성품을 알고

듣는 성품을 반조합니다.

490
소리가 들릴때 듣는 성품을 반조하는
정혜쌍수입니다.
번뇌의 속박에서 벗어나 해방되는
자유의 길입니다.

491
여덟번째부터 열세번째까지의 인사는
둘이 아닌 하나에 중점을 둡니다.
둘 아님을 알고
자비를 실천하는 것입니다.

492
일심동체임을 알고 하나되는
자혜쌍수입니다.
분별심에서 벗어나 세상을 아름답게 만드는
행복의 길입니다.

493
열네번째 인사는 부사의 해탈경계입니다.
지금은 이름 붙일 수가 없습니다.
후대 어떤 눈 밝은 수행자가
이름 붙여 주길 발원합니다.

494
누구든지 대승 수행법으로 수행 할 수 있으나
불교의 모든 수행법들이
선정 지혜 자비를 갖추고 있어서
대승 소승을 구분하기가 쉽지 않습니다.

495
대승은 지혜가 반드시 갖춰져야 합니다.
무상 고 무아를 갖춘 상태에서
육바라밀을 실천할 때
대승이라 이름 붙일 수 있습니다.

496

"눈 덮인 들판을 걸을 때에

모름지기 어지러이 걷지 말라.

오늘 걸어 만든 발자취가

뒷사람에게 이정표가 될 것이니…"

497

서산스님 말씀처럼 후대를 위해서

올바른 이정표를 만드는 것은 물론이고

삶을 함께 만들어 가는 세상이 된 현시대에

나를 찾는 일은 우리 모두를 위한 발자국일 것입니다.

498

그러나 나를 찾아가는 길이 쉽지만은 않아서

힘든 고난과 어려운 장애가 많을 것입니다.

길을 잘못 들기도 하고 실수도 하면서

번민, 자학, 체념으로 스스로 괴롭겠지만

499

완성으로 가는 길 위에서도

절대로 포기하지 말아야 할 것은

자신을 용서하는 일입니다.

모든 분들의 구경해탈을 진심으로 기원합니다.

500

아리랑 아리랑 아라리요
아리랑 고개로 넘어간다.
나를 버리고 가신님은
아리랑 되어서 돌아온다.

자혜 정신문화

"마음 하나로 세상을…" 이라는 표어로
모두 하나된 아름다운 세상을 만드는 것입니다.
본질적으로 모든 사람들은
두 가지의 질문을 가지고 있습니다.
첫번째 질문은
'어떻게 하면 자유로워질 수 있을까' 라는
것입니다.

대자유인 부처님께서는
이에 대해 번뇌의 속박에서 벗어나라고 말씀하십니다.
번뇌의 속박에서 벗어나
있는 것을 있는 그대로 볼 수 있을 때
비로소 지혜의 눈이 열리고

있는 것을 있는 그대로 보는 지혜가
우리를 자유의 길로 이끌어 주는 것입니다.

두번째 질문은
'어떻게 하면 행복해 질수 있을까' 라는
것입니다.
우리가 하나임을 느낄 때는 불행을 생각하지 않습
니다.
두려움과 갈등의 벽을 허물고
서로가 서로를 생각하는 나눔이 자비가 되어
우리를 하나로 만들고
세상을 아름답게 만드는 것입니다.

있는 것을 있는 그대로 보는 근본적인 지혜와
서로가 서로의 안녕을 보살피는 자비

단지 마음 하나로
세상을 아름답게 만드는 것입니다.
자비와 지혜가 만드는 세상
모든 존재가 자유롭고 행복한 세상이
아름다운 세상인 것입니다.

2018년 9월 23일
남장사 영산전

신범 스님
대한불교 조계종 스님
쌍계사 출가
봉암사 선원 등 정진

아리랑

발　행 | 2018년 10월
인　쇄 | 2018년 10월
펴낸이 | 예문출판사
엮은이 | 신범

펴낸곳 | 예문출판사
주　소 | 대구 중구 재마루1길 33-5
전　화 | 053-422-0815
팩　스 | 053-422-0221

ⓒ신범 2018
ISBN 978-89-93961-36-2 02220

값 15,000원

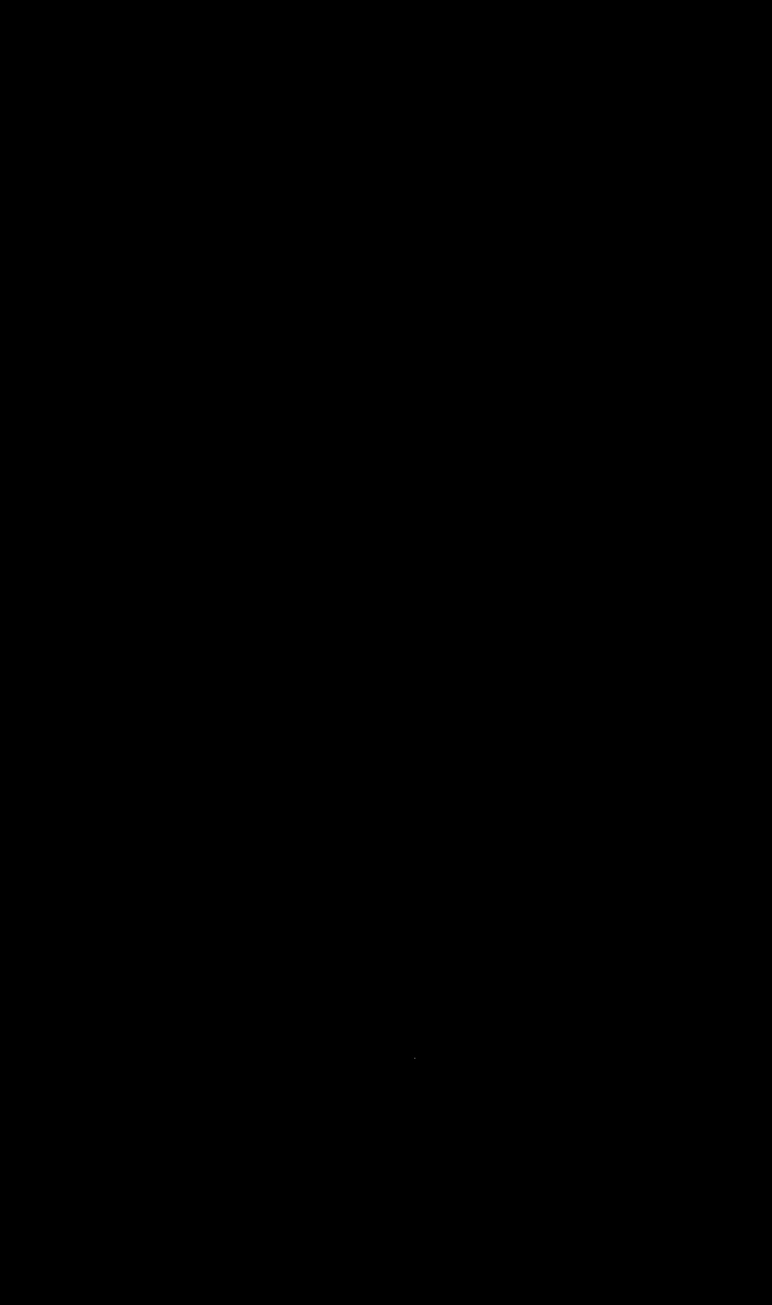